超管用的人际关系心理学

卢倩倩 ◎ 著

江西人民出版社

图书在版编目(CIP)数据

超管用的人际关系心理学/卢倩倩著.—南昌:江西人民出版社,2012.12

ISBN 978-7-210-05493-1

Ⅰ.①超… Ⅱ.①卢… Ⅲ.①人际关系学－社会心理学－通俗读物 Ⅳ.①C912.1—49

中国版本图书馆 CIP 数据核字(2012)第 311078 号

超管用的人际关系心理学

卢倩倩/著

责任编辑/王华

出版发行/江西人民出版社

印刷/北京嘉业印刷厂

版次/2013 年 1 月第 1 版

2014 年 1 月第 2 次印刷

开本/710 毫米×1000 毫米　1/16　15 印张

字数/150 千字

书号/ISBN 978-7-210-05493-1

定价/26.00 元

赣版权登字-01-2012-570

版权所有　侵权必究

如果有质量问题,请寄回印厂调换

序 言
XU YAN

  曾经有一个非常有趣的调查：把一个人周围五个朋友的月薪加起来除以五，得出的平均数大致就是这个人的月薪；同样的方法，也可以大致推断出这个人的职位，可以基本判断他事业的格局、发展，甚至未来的成败。

  这个调查告诉了我们这样一个道理：一个人的成功并不仅仅依赖于自身的能力，还要看他认识了怎样的朋友，结交了怎样的人，也就是说人际关系的优劣直接决定着一个人事业的成败。四通八达的人际关系就像纵横交错又畅通无阻的血脉一样，可以为你的事业发展，提供"机体循环"的养分和源源不断的财富。

  在这个竞争激烈的社会，有些人自身能力和水平看似都很一般，但做起事来却能左右逢源，游刃有余，常常是别人费了九牛二虎之力也无法搞定的事情，他只需要打个电话就轻松解决。而另外一些人，常常被人际关系搞得焦头烂额，做人做事处处碰壁，总是对工作困境和事业难题束手无措，偏偏别人很容易解决的事情到了他的手里，就变得异常棘手。这两种不同命运的差别，都来自于日常生活中人们对人际关系的建立与经营。我们可以毫不夸张地说，优质的人际关系是一个人迈向成功的稳固基石。

  在现实社会的人际交往中，谁掌握了对方的心理变化，谁就能占据主动；谁读懂了对方的心思，谁就能出奇制胜。所以，通过对人际交往中心理活动的分析与洞察，能够帮助我们透视人性，读懂人心，俘获人情，进而更好地掌控人际关系的脉络。

人际关系心理学正是一门教会你掌控周围人际关系的实用技术。越是了解人际交往背后的普遍心理规律，就越能及时迅速地捕捉到对方的想法，然后准确地分析出对方在人际关系交往中希望达到的目的，从而合理地给出自己的策略，更好地操控事件的发展。学好人际关系心理学，我们便能够在工作和生活中最快地解决遇到的难题和困惑，并通过对他人的了解，而变得更加圆融练达，左右逢源。

本书正是从人际交往中存在的普遍心理现象入手，通过对人际心理学的剖析和探讨，帮助大家找到与他人沟通的最佳途径，从而达到结识他人，感染他人，影响他人，甚至操控他人的目的。全书结构严谨：首先，是挖掘人类交际心理中的普遍规律，帮助人们建立信心，迈出人际交往的第一步。其次，是帮助读者克服自我社交障碍，并提供了具体可行的人际交往方法。接着，是在结交他人的基础上，不断形成和完善自己的社交魅力，进一步吸引、影响和掌控他人，真正达到彼此"合作"并取得利益最大化的目的。最后，全书还有针对性地提供了搞定最难对付的人的各种方法，招招都切实可行，且简单实用。

通过本书的了解和学习，你能最快捷地理清职场及生活中纷繁复杂的人际关系，让自己拥有良好的人际关系，并由此拓展出更为发达的人际关系网。人心是世界上最复杂的东西，人与人之间的关系也是世界上最复杂的关系，因此，如果你能掌控人际交往的主动权，那就等于拥有了强有力的人脉资源；而拥有了强大的人脉资源，就可能成就辉煌的事业；如果成就了辉煌的事业，那还有什么不可能实现的呢！

第一章　透视人际关系背后的心理秘密 ························· 1
　　——知己知彼，最迅速地征服人心

- 为了消除恐惧与不安，人们需要交往 / 3
- 每个人都希望得到他人的认同 / 6
- 我们通常会喜欢与自己相似的人 / 9
- 传达"我重视你"的信息，让彼此走得更近 / 12
- 完美的人不如有缺点的人可爱 / 15
- 得到他人好处，我们会感到有回报的义务 / 19
- 情感投资比利益诱惑更能打动人心 / 22

第二章　警惕负面交往心理 ························· 25
　　——用强大心理能量，打造优势人际关系

- 超越自卑，用自信去吸引和打动他人 / 27
- 利用"居家优势"，消除社交紧张 / 31

- 教你克服和陌生人说话的恐惧 / 35
- 用"行动疗法"战胜害羞心理 / 39
- 变身强者,告别你的羡慕嫉妒恨 / 43
- 放低姿态,消除自大狂心态 / 46
- 拔除过度猜疑这枚人际关系的毒刺 / 50

第三章 巧妙运用人际交往中的心理透视法 …………… 55
——借你一双慧眼,看穿他的"微小"心思

- 像 FBI 一样,通过身体语言读懂他的心理 / 57
- 透过各种"微动作",看破他的狡猾谎言 / 61
- 不断向你提问的人往往想阻止你提问 / 64
- 突然而至的"微表情"透露着心中的紧张不安 / 68
- 有不满和失意情绪的人喜欢自我夸大 / 71
- 轻易点头是在想如何拒绝你的要求 / 74
- 自我表现欲强的人喜欢说"我" / 78
- 权威主义者喜欢用"名言"来强调自己 / 81

第四章 瞬间征服陌生人 …………………………………… 85
——散发强大社交气场,让他不知不觉间臣服

- 见面前先熟悉对方资料,瞬间赢得好感 / 87
- 利用首因效应,让他对你一见难忘 / 90
- 用眼神打造自己的社交优势 / 94
- "催眠"潜意识,迅速打开他的心扉 / 98
- 吸引他人时,要突出个性淡化共性 / 101
- 用真情感染他,让彼此产生"心理共鸣" / 104
- 刻意制造下一次见面的机会 / 108
- 交往中,做一块积极乐观的"磁石" / 111

CONTENTS / 目录

第五章　俘获人心令关系更进一步 …………………… 115
　　——发挥自身魅力，建立彼此更积极的人际关系

- 换位思考，成为对方的"知心人" / 117
- 提高你的"曝光率"，让他"日久生情" / 120
- 恰当的安慰犹如"雪中送炭" / 124
- 正向评价可加深彼此的愉快关系 / 128
- 适当暴露自我，直抵他人心扉 / 132
- 学会赞美，欣赏的话人人都爱听 / 136
- 与同行者交谈，倾听者更受欢迎 / 140

第六章　善用人际交往心理定律把握全局 …………… 145
　　——随手拈来，打造你的无敌人际影响力

- 情绪定律：用好心情感染身边人 / 147
- 拒绝定律：学会说"不"也是一门学问 / 150
- 辐射定律：用你的人格魅力平定世界 / 154
- 布施定律：施恩于人，扩大影响力 / 157
- 托利得定律：用包容心积攒人情 / 160
- 250定律：由一个人去赢得250个人 / 164
- 凡勃伦定律：抬高身价，吸引别人向你走来 / 168

第七章　吸引他人跟随你 ……………………………… 171
　　——熟读神奇心理效应，轻松操纵他人心

- 欲扬先抑效应：把甜头留到后面 / 173
- 近因效应：用最新印象优化自己在他人心中的形象 / 176
- 配套效应：利用对方看重的东西，间接实现自己的目的 / 180
- 二选一效应：给对方两个选择，让他无从挑剔 / 184

- 皮格马利翁效应：鼓励可以产生奇迹 / 187
- 登门槛效应：先得寸，然后再进尺 / 191
- 饥饿疗法：制造"得来不易"感，让对方愈加珍惜 / 194
- 对比效应：打击，就是用"更好的"去与对方比 / 197

第八章 搞定难对付的对象 ………………………… 201
——看人下菜碟，天下没有不能交的人

- 对性格死板的人，要挖掘他的关注点 / 203
- 对傲慢无礼的人，要尽量减少沟通时间 / 206
- 对沉默不语的人，要给他自己的空间 / 209
- 对自私自利的人，只与他保持利益关系 / 212
- 对逞强好胜的人，要尽量迁就，适当反击 / 215
- 对狂妄的人，要先在气势上将他震住 / 218
- 对搬弄是非的人，不可推心置腹 / 222
- 对性格倔强的人，要顺情说好话 / 225
- 对有城府的人，看穿本质，区别对待 / 228

后　记 ………………………………………………… 232

第一章
透视人际关系背后的心理秘密
——知己知彼,最迅速地征服人心

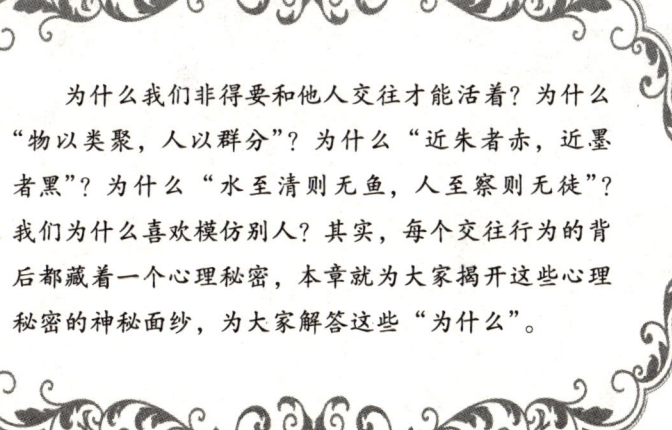

为什么我们非得要和他人交往才能活着?为什么"物以类聚,人以群分"?为什么"近朱者赤,近墨者黑"?为什么"水至清则无鱼,人至察则无徒"?我们为什么喜欢模仿别人?其实,每个交往行为的背后都藏着一个心理秘密,本章就为大家揭开这些心理秘密的神秘面纱,为大家解答这些"为什么"。

第一章 | 透视人际关系背后的心理秘密

为了消除恐惧与不安，人们需要交往

作为人类，我们究竟能不能摆脱他人，独自生活呢？不用忙着告诉自己答案，我们先来看一个小故事：

18世纪末，欧洲有位探险家叫史金克（Alexander Selkirk），他曾独自在荒岛上度过了4年的时间。就在这4年里，他自如地应付了残酷的大自然，获得了食物、水、住处等生存所需的一切，然而他却因无法与人交流，产生了极强的孤独感。为了消除这种孤独，他养了一条狗、一只鹦鹉和几头野兽，每天通过与它们进行单向的交流打发无聊的时间。但他还是会常常陷入恍惚的精神状态。就这样过了4年后，他重新回到了人类社会，回到了家人身边，然而他的精神却受到了严重损伤，已经无法完全恢复交往能力了。

在美国心理学家马斯洛著名的需求理论中，他将"饥饿、睡眠"等作为人不可或缺的基本需求，但这不是人类唯一的强制性需求，还有一种需求也是人所共需，那就是人与外界相联系，以逃避孤独的渴求。正如德国精神分析心理学家弗洛姆所说："感到完全孤独与孤立会导致精神崩溃，恰如肉体饥饿会导致死亡。"而史金克的故事就是最好的例证。

很多人同情史金克的遭遇，同时也会思考：为什么脱离人类社会竟然给一个人造成如此大的伤害，甚至达到了精神崩溃的状态？这需要从人类的深层心理来分析。我们每个人对孤独都有着强烈的恐惧心理，这种孤独并不是指简单意义上的物质孤独，也不是身体与世界的分离，它更多来自精神上的分离，是一种精神孤独。这种孤独超过一定限度，其后果便是患上以精神分裂症为典型代表的精神病。

人们为什么会这么恐惧孤独呢？

首先是为了生存的需要，人们必须与他人进行合作。这是人类的一种本能，它从远古时代就在人类祖先的基因里生根了。远古时期，人类过着茹毛饮血的生活，强壮的男人要出去狩猎，柔弱的女人和孩子就需要在家里留守，或者去采集野果。出去打猎的男人们面对恶劣的自然环境，必须团结协作才能有所捕获。也许是一头大象，也许是一只小鹿，还可能是一只兔子，无论如何，凭借一个人的力量在那个时代是无法生存的。离群索居等于被剥夺了生存的权利。这种恐惧感深深地埋在了他们的基因里，一代代传递下来。后来，随着社会分工的出现，衣、食、住、行等各种与人们生存、生活息息相关的条件要得到满足，也必须要与其他人发生关系。

其次，人们为了更高层面的精神生活，也需要彼此交往。随着大脑和思想的进化，人们开始有了高于生存的精神需要，如友爱、成就感、尊重、权利、归属感等，而这些都离不开社会群体，离不开人际交往。特别是我们在适应新环境和生活压力时，与人交往能让我们感到安全和放松。比如，到新公司上班的第一天，如果有人对你报以善意的微笑，你就会很轻松愉悦，会更快地融入这个新环境；当工作遇到难题时，和朋友说说心事，或者相约去散散心，就会让你神清气爽，压力全无；当人生走进困境时，只要有亲人陪在我们身边，我们就更容易战胜这些困难，产生重新开始的勇气……

当然，很多人会问，那些性格孤僻的人不是也在正常地生活吗？其实，自闭或性格孤僻但能悠然自得的人是极少的。大多数不爱与人交往的人，不是不想融入这个社会，而是他们的心理受过一些创伤，或受后来经历的影响出现了心理障碍，从而丧失了与他人交往的能力。事实表明，这些人更容易出现焦虑不安、恐惧忧郁等负面心理。

第一章 透视人际关系背后的心理秘密

南斯拉夫有一句俗语说得好:"每个鸟儿都知道向群里飞",虽然现代人在生活空间被各种人际关系占满的情况下,都想给自己一些独处的空间,想体会独对山中清泉、绿树、鸟鸣的自在生活,但凡事过犹不及,在这种生活中,孤独虽能为疲惫的心灵减压,但沉浸太久,又会成为"毒药",恐惧不安又会占据我们的内心。

我们每个人都是社会的人,只有在人群中,我们才能消除内在的恐惧,才能为灵魂找到最安全的归宿,才能拥有获取幸福、快乐的能力。

【关键提示】

> 亚里士多德曾说:"人是社会性动物。"我们从出生的那一刻起就与周围的人发生着联系,与他人交往会让我们体验到温暖与安全。有时,即使陌生人一个温暖的眼神和动作,也会带给我们力量,让我们的心获得抚慰。

每个人都希望得到他人的认同

　　人性中最本质的需求之一是渴望得到他人的赏识和认同。

　　马斯洛的需要层次理论中,将人类的需要分为五个层次,当我们的生理需要和安全需要获得满足后,就会发展到高一层次的需求,那就是对爱、尊重和被认可的需要。其中得到他人认可这一需求体现的是对自我价值感的确认。如果一个人付出的努力,或者付出的关怀没有得到他人的认可,他很有可能会觉得自己的所作所为没有意义,进而影响到他与对方的关系。

　　在社会生活中,我们每个人都希望得到他人的肯定与欣赏,得到社会积极肯定的评价,以确定自己的人生价值。如果得不到认可,几乎每个人的心里都会充满无助与感伤,如果打击过大,甚至会对自己的未来失去信心,从此一蹶不振。

　　事实上,这种认同不是平白无故产生的,而是在人与人交往过程中,在彼此从初步接触到进一步了解的过程中逐渐完成的。在这一生中,我们每个人都在努力扮演着不同的角色,角色虽然不停地在变,渴望被认同的心却一直没变。在寂静无人时,我们常会这样问自己:"我是不是个好儿子(女儿)?""我是不是个好妈妈?""我是不是个好伴侣?""我是不是个好员工?"而这些答案始终不能自己解答,所以我们只能继续努力扮好这些角色,以求未来某一天,得到大家的认可和赞赏。当然,也有一些人我行我素,不需要他人的理解和认可。一些有非常强悍的内心,或者已经在权威的金字塔尖,不需要别人认同,就能坚

第一章 透视人际关系背后的心理秘密

强地在自我认同中走完一生。但这种人毕竟是少数，我们人群中的大部分人是渴望认同与赞赏的。

那么，这种认同心理会对一个人产生哪些影响呢？

首先，这会加深彼此的关系。

著名相声演员牛群和姜昆是一对颇有名气的挚友。但在二十年前两人没有见面时，牛群虽小有名气，比起姜昆来，却是小巫见大巫。

那时的牛群正在走"背运"，他费尽心血创作的相声作品都被领导否定了。他心里觉得委屈，觉得不公平，想找个评理的人，于是就想到了姜昆。

姜昆在当时已经是个大名人了，但他还是非常热情地接待了牛群。牛群见到姜昆，开口就想拜他为师，结果被姜昆谦虚地婉拒了。后来牛群说明了自己的来意，想请姜昆看看自己的作品，指点迷津。姜昆看到摆在眼前的一篇篇工整的作品后，马上被吸引住了。他翻看完便坚定地说："这些都是宝贵的矿石，有的还是含金量很高的黄金矿石，只要下一番功夫，完全可提炼出百分之九十九点九的黄金来。"他当场表示要和牛群一起筛选、提炼、加工，共同完成作品的创作。经过不懈的努力，他们终于提炼出两篇佳品，演出后不仅获奖，还获得了观众的好口碑。牛群因为自己的作品得到了姜昆的认可和帮助，一直对姜昆感激不尽。他们也因此成了一对非常要好的朋友，成为非常受观众喜爱、并风靡20世纪90年代相声舞台的绝佳搭档。

这就是认同的力量。让我们再回到二十年前的相逢，假如当时姜昆觉得自己名气这么大，没必要去理一个名不见经传的小人物，或者抱着敷衍的心态来看牛群的作品，那么也就不会有他们后来在相声界的大放异彩，当然更不会有这二十年来深厚的友谊。

同时，认同他人可以让你的交往对象做出更积极的行动。

福克斯波罗，是美国一家专门生产精密仪器设备的高技术产品公

司。这家公司在创业初期，有一次在技术改造上碰到了一个很大的难题，如果不能及时解决，公司就可能面临倒闭的危险。

一天晚上，公司总裁为这个难题冥思苦想时，一位科学家突然闯进了他的办公室，声称自己有解决的办法，并进行了详细的阐述。这位总裁听罢，觉得科学家的构思确实非同一般，便想立即给予奖励。于是他俯下身，在自己的抽屉里翻了很长时间，最后拿出了一件东西恭恭敬敬地递给了科学家，并说道："这是对你的奖励！"

其实这份奖励非金非银，仅仅是一只香蕉。但这是总裁当时能找到的唯一奖品了，而科学家也为此深深感动，因为这表示他的解决方案得到了领导的认可。从此以后，科学家有了更大的工作热情，不懈地为公司研发新产品。后来，公司就授予攻克重大技术难题的技术人员一只金制的香蕉形别针，作为对这次奖励的纪念。

公司总裁在这里对科学家进行了及时奖励。虽然只是一个香蕉，但也让他的下属及时了解了他的赏识与认可，有利于下属继续进行公司所希望出现的行为。这正如小孩学走路时，当他走出姿态并不雅的第一步后，就立即鼓励他走出第二步、第三步，直到他真正学会走路为止。

在现代社会生存，人与人之间的交往比原来更为复杂，但人际互动的基本原则却始终没变。美国哲学家约翰·杜威曾说，人类本质里最深远的驱动力就是"希望具有重要性"。他人的认同会让人们逐渐建立起自我价值，所以每个人都希望得到别人的认同。这是人际交往中特殊的游戏规则。遵守这些规则，最大限度地满足他人的心理需求，会让你在每一段关系中受益无穷。

【关键提示】

人们总是希望得到别人的肯定或赞赏，希望在相互的认同中加深了解，增进感情，改善关系。尤其是当对方遭遇困境或疑惑迷茫时，你对他的鼓励无疑是提升彼此关系的重要砝码。

我们通常会喜欢与自己相似的人

"物以类聚，人以群分"，这句古话将人们的交往心理说得很透彻。的确，我们通常更喜欢那些和我们相似的人，所有才有了更多的近义语，诸如"道不同不相为谋"，"臭味相投，便称知己。"

现在，拿起一支笔，将你认为与自己合得来的朋友的名字写下来，同时写下每个人的主要性格、处世风格及是非观念等。然后再看一看，这些朋友中与你相似的多，还是互补的多。事实证明，与你有相同价值判断、性格特征及处世风格的人，更容易成为你的朋友。而其中的价值判断，或称共同的价值观和人生观则起到了更为重要的作用。

为什么我们在交往中会有这种求同心理呢？心理学家认为，我们在和相似的人交往过程中，自己的价值观、性格气质和信念等容易得到对方的认同，从而起到正面的强化作用，也极少出现因观念相悖而产生争执或互相伤害的情况。因此，这些相似的人组成的群体，可以较为一致地抵抗外来的阻力，从而获得安全感和归属感。这就是心理学上的"相似性原则"。

在与人交往的过程中，我们如能善用这一原则，将更容易帮我们获得认可，获得朋友。

方云是一家著名广告策划公司的对外业务拓展主管，主要负责外省的业务拓展与合作谈判。一次，公司获得了一个大单，给一家非常著名的乳业进行广告策划。如果能拿下来这个策划，并且漂亮地完成，那么方云的公司就很有可能成为这家乳业的长期合作对象。方云的公司已用尽了全力,将策划案做到了极致,接下来就看方云的表现了。

在与对方商谈的过程中,方云得知自己的竞争对手实力强劲,他们的策划水平和报价都与自己的公司旗鼓相当。所以,乳业公司一时无法抉择。

方云见此,在最后一次谈判前,便约了对方的负责人一起吃饭,同时约好这顿饭与业务无关,只是随便聊聊。但方云做了很好的功课:她了解到这位主管是扬州人,如今来北方工作已有十年时间,一直踏踏实实地通过自己的努力做到了公司的主管层。于是她预定了一家环境优雅的淮扬菜餐厅。

在吃饭的过程中,两人寒暄了一番后,便聊到扬州的美景。这无疑勾起了主管浓重的思乡情绪。接下来,说到淮扬菜时,方云感慨地说:"我真是喜欢吃淮扬菜,记得一次和学淮扬菜的扬州朋友聊天时,他就说,淮扬菜在四大菜系中刀工最细,而且注重本味,咸淡适口。我想这就和做人做事儿一样,首先练成这刀工就得肯下苦功夫,踏踏实实,没有什么捷径,这样才能练成真本事。有一天功成名就时,你还得保持本色,不能忘乎所以,否则过犹不及,会摔得很惨。"

主管听到方云对淮扬菜的喜爱之语,以及阐释的道理,很符合自己的做人标准,于是对这位年纪不大的女孩刮目相看起来。这顿饭两人吃得很高兴,很投缘。

后来,这个项目理所当然地被方云赢了回来。而她和这位主管也成了朋友。

当然,对于很多初次见面的人,我们不可能像方云那样对他们有事先的了解,这时,外部相似性就决定了彼此吸引的程度。比如你是否与对方有同样的兴趣,有共同的经历或共同的生活环境,是否老乡或校友等,这种外部吸引力让我们有了进一步交往的可能。然后随着交往的不断深入,个性品质、价值观、信念等内部相似作用便凸显出来。当然,也有些人初次见面时彼此印象并不是很好,但随着交往的加深,渐渐发现原来大家是同一类人，从而建立起稳固的关系。

听到上面的话，你也许会问，如果我们没有那么多的相似点怎么办？

你可以制造相似点！

首先你可以事先对对方有个大致的了解，例如他是哪里人，有什么经历，他喜欢什么运动，喜欢什么书，是什么样的处世风格等，这些都调查清楚后，你就要向方云学习了。一方面要放大自己与他相似的地方，比如是老乡，或同学的老乡等（这时你最好和他继续聊聊家乡，他一定会对你打开话匣子）；另一方面你也要适当"投其所好"，制造相似点，让彼此更熟悉。

总之，我们在与他人交往过程中，最重要的是主动走近他人，挖掘自己与他人潜在的相似性，甚至制造"共同点"。那些看似不经意的话题，常常能迅速拉近彼此的距离，产生意想不到的效果。

【关键提示】

在与一个投缘的陌生人谈话过程中，如果你渐渐发现彼此的共同点非常多，对方的很多观点和判断都符合你的想法时，你一定要适时地说上一句："我也是这么想的，我们真是太投缘了"，"我非常同意你的观点"，这种回应会让对方感觉到你的兴趣，从而缩小彼此的心理距离。

传达"我重视你"的信息,让彼此走得更近

如果有位朋友经常真诚地对你说:你对我很重要;你让我学到了很多;你的生活态度真的很感染我;有你做朋友,我不虚此生!你有什么反应?相信大多数人都会对这个朋友产生更多的好感。现在,我们就教大家一个赢得他人好感的诀窍:真诚地向他展示你对他的重视。让我们看看销售高手、最了不起的卖车人乔·吉拉德是如何将"重视他人"这一策略用到极致的。

乔·吉拉德可以说是汽车销售史上的一个奇迹,他创造出连续12年"销售第一"的奇迹——平均每个工作日卖掉5辆卡车。他的秘诀就是重视自己的每位潜在客户,从而让顾客喜欢自己,购买自己的产品。

为了达到这一目的,他做了一件其他人一般不会做的事儿,就是每个月都坚持给他的1.3万名客户送去一张卡片。遇到节日,例如感恩节、圣诞节等,他会送上特别的祝愿。而这些卡片的封面上永远写着一句话:"我喜欢你"。乔说:"除此之外,卡片上就没有其他的东西了,我这么做只想告诉大家我喜欢他们。"

这种看似费力不讨好的做法,为乔治带来了相当大的利润。我们可以想象,"我喜欢你"这句简单的话,每年都会准时出现在1.3万人的邮箱里,而且是12次。这么做就能让大家对乔印象深刻,进而产生好感和回报心理。因此,一旦他们需要买车时,首先想到的一定是这位重视自己的销售员。这种不可思议的做法帮助乔每年都能得到超过20万

第一章 透视人际关系背后的心理秘密

美元的收入,并被吉尼斯世界纪录称为"世界上最了不起的卖车人"。

"我喜欢你"这样一句缺乏个性的话能带来如此神奇的效果,原因就在于我们通常会喜欢那些喜欢我们的人,也会重视那些重视我们的人,这就是心理学上的相悦规律。被人喜欢会给我们带来愉悦的感觉,这种愉悦达到了极致,就会产生再高一层次的回报需求,甚至为其献出生命而不惜,这就是所谓的"士为知己者死。"纵观历史,总有人为了知遇之恩而丢了性命,例如刺杀秦王失败的荆轲,又如"鞠躬尽瘁,死而后已"的诸葛亮。因此,如果你想让对方喜欢、重视你,首先你得时时表达对他重视。否则,你再苦心经营一段关系,也会因为一时的疏忽而功败垂成。

梁野是京城一家出版社的编辑,做出版这一行的人都清楚,若想策划出几套畅销书,非常需要过硬的作者资源。

想做一些好书的梁野十分清楚这一点,因此,他平时很注意作者资源的积累,手头也有几个素质很好的供稿作者,因为好作者会被很多出版人同时盯着,所以他平时很注重与这些作者混好关系。最近半年,他一直在跟一个他非常看好的外地作者联系,通过半年的了解与沟通,两人已经从素不相识的陌生人,变成了比较要好的朋友,而且也见过几次面,签约就是水到渠成的事儿了。

可是一个星期前,这位作者突然给梁野打来电话说:"梁哥,你下周五过来吧,我们谈谈签约的事儿。"梁野正在赶一个比较急的稿子,他想都没想就说:"我们先缓一缓见面吧,忙完这段儿,我就过去。"他心里想,凭这半年的关系,签约一定没问题。结果就在周四晚上,这位作者又打来电话说:"梁哥,你如果不过来,我明天就要和别的出版社谈了。"这时梁野才意识到了问题的严重性,他马上说:"行,我马上过去,你等我。"

于是梁野挂了电话,就赶往火车站,一路旅途劳顿,第二天下午才赶到作者所在的城市,但一切都来不及了,这位作者与其他出版社达成了协议。

梁野这时才后悔不迭，但已于事无补，但清楚自己犯了大错，那就是他让作者觉得自己不受重视，因此对这段关系的进一步发展再不报希望，所以才会出现这样的后果。

我们在与人交往中，一定要避免梁野的这种错误，特别是在关系的维护期，一定要充分表达出对交往对象的关怀和重视，这对一段关系能否继续发展至关重要。

生活中，我们运用"相悦定律"时要注意以下两方面：一是我们要用友善的态度对待他人，不要轻易说出不好听的话，也不要随意指责他人，如果到非批评不可时，也要表达出你的善意和对他本身的关心，这样你才能赢得更多人的喜爱。同时，我们要保持相对的理性，不要受相悦规律的束缚，只和那些迎合我们、只对我们说好话的人交往，也要维护与那些诤友的友谊。

最后，别忘了"重视"带来的奇迹。

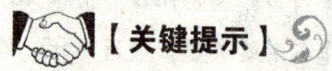【关键提示】

> 英国大文豪莎士比亚说："质朴却比巧妙的言辞更能打动我的心。"与人交往过程中，真正对别人感兴趣，真正重视别人，他才能感受到你的真诚。用一颗真诚的心、微笑的表情、温暖的语言和耐心的倾听告诉对方："我喜欢你！"你才能成为他朋友名单上的重量级人物。

第一章 透视人际关系背后的心理秘密

完美的人不如有缺点的人可爱

一个完美的人，不是特别虚伪，就是一个真正的圣人。虚伪的人让人讨厌，避之唯恐不及，而圣人只适合供奉，不适合交往。现在就请想象一下，如果你的上司是以下四种人，你会更喜欢哪一位：

第一位：能力超群，思考全面，做事完美，大小错误从没有犯过。

第二位：能力超群，犯过一点小错误，但从未影响过大局。

第三位：能力一般，从没犯过错误。

第四位：能力一般，在经营上犯过很多错误。

仔细想一下，第一位上司做事非常完美，他会不自觉地要求你也完美，你在他手下工作，会不会很紧张，压力很大，很怕出错。第二位因能力很强，可以让你有安心跟着他工作的感觉；同时他自己偶尔犯些小错误，你会觉得这个人还可以接近，在他手下你会轻松发挥自己的特长，不怕偶尔犯错而被骂。第三位和第四位能力一般的上司，开始时你会觉得在他们手下很容易工作，但当你想进一步发展自己时，就会觉得没有上升的空间，总有一天，你会因此断然离开这个岗位。那么，应该选择哪一位？答案不言自明！

通过对人们的心理研究发现，相对于能力差的人来说，我们更喜欢能力强的人。但能力过于优秀、很少犯错误的人反而不招人喜欢，相反，那些时常犯些小错误的人更让人亲近，这就是心理学中的"犯错误效应"，也叫"白璧微瑕效应"，即完美的人不如有缺点的人可爱。这一效应在社交中的突出表现就是：小错误更能提升你的人际吸引力。

这种现象的产生主要来自两方面的原因，一是没有一丝瑕疵的人会让人产生不真实的感觉，从而让人们不自觉地与人保持距离，敬而远之。而常犯些小错误，就会打破大家的这个想象，从而觉得这个人很可爱。例如美国著名的总统肯尼迪因一次失误却意外换来更多的公众支持就是很好的例子。

1961年，美国总统肯尼迪试图通过猪湾侵入古巴的计划惨遭失败，当时听到这个消息的美国人一片哗然。然而，这次失败却没有降低肯尼迪在民众中的声望，相反，他拥有了更多的支持。在当时这让很多人大惑不解。后来，大家在心理学家阿伦森那里找到了答案，他曾写道："总统肯尼迪年轻英俊、为人潇洒、语言诙谐；他富有魅力，而且行动敏捷，同时又是个求知欲很强的读者，一位杰出的政治家、战争英雄……他还有一位魅力无穷的妻子，两个非常可爱的孩子，和一个天资很高、亲密团结的家族，一些难免的错误就可能使他在民众中更加富有人性，因此会显得更加可爱。"

正所谓"水至清则无鱼，人至察则无徒"，一个完美无瑕的人是可怕的，正如当代学者余秋雨在散文《废墟》中所写："一个没有皱纹的祖母是可怕的，没有白发的老者是让人遗憾的。"文化古城的破才显出了它的历史，维纳斯的断臂让人觉得更有韵味，而完美只有所谓的神能做到，一个人如果表现得过于完美太接近神，总有一天会摔下神坛。

另外，一个完美的人不仅对自己要求很高，而且也会把加诸于自己的那些要求，如精力旺盛、细节完美，不断付出等强加在周围人的身上，这就会给大家一种无形的压力。同时，完美的人不允许、也不能容忍大家犯错误。因此他们常常会让人误以为他们不懂得赞美与欣赏、不容许自己和同伴的失败、不理解身边的人。和这类人在一起，大家会产生无奈、沮丧、不知所措的情绪，和深深的束缚感与逃离感，这会使他

第一章 透视人际关系背后的心理秘密

们缺少或者失去很多朋友。

大吴从计算机专业毕业后,来到国内一家著名的电信网络公司做技术研发工作。他在计算机软件技术上很有天分,在学校时,就以比尔·盖茨为自己的榜样,希望将来有一天能在这个行业出人头地。

刚到公司时,他没有任何经验,于是每天拼命地加班工作,从开始熟悉业务,到最后成为熟手,并渐渐在公司的软件技术上占有一席之地,只用了三年时间。而且这三年他的工作表现堪称完美,因此被领导提拔为公司重要技术研发的主管。

大吴以为从技术岗转为管理岗,只要自己技术过硬就没问题。当时他的手下有几位是新人,没有工作经验,做程序时经常犯错。大吴觉得自己刚来时根本没有犯过这么低级的错误,很是不能容忍,于是不论当时是否有其他人在场,他都会劈头盖脸地对新人们进行严厉的批评和指责。这些下属只能一言不发,战战兢兢,在以后的工作中,他们的心总是悬着,怕再被骂,也怕因此丢了面子。其他同事做得不好时,大吴也经常直接批评,使得大家平时工作都蔫蔫的,没事儿都不太敢接近大吴,下班后碰到他,也都绕着走。

后来,大吴感觉到大家对自己的疏远,心里很不是滋味,其实他批评大家,也是从大家的角度考虑,希望每个人都能成为业内顶尖的人。但我们在前面讲过,人人都渴望认同,受到批评时大家的积极性只会更低,而自己的努力长期得不到认可,人们就会渴望逃离这种情境。大吴遭遇的就是这种情况,其根本原因就在于他过于追求完美,使得大家不知所措,只能不断躲避他。如果大吴偶尔犯些小错误,或者容忍大家的错误,也许他得到的就会是一个积极上进,其乐融融的团队。

当然,"犯错误效应"的应用是有条件的,那就是首先你得具有非凡的才能,这样再犯一些无伤大雅的小错误,才更能赢得他人的好感。如果本来我们能力平庸,再犯错的话,只能让人更讨厌。

总之,在与他人交往时,我们要想成为一个受欢迎的人,就不要苛

求完美。在修炼自身强大魅力的同时，也不要给人过于强势的感觉，偶尔犯下一些小错误，才能让我们更像一个实实在在的普通人，让人产生亲切的感觉，从而赢得更多的人缘。

【关键提示】

"完美无瑕"并不能更让你讨人喜欢，"瑕不掩瑜"反倒能受到欢迎，在人际交往中，我们要充分洞悉人性的这一"弱点"，有的放矢、对症下药。有时，难得糊涂也能为自己赢得更广阔的发展空间。

第一章 透视人际关系背后的心理秘密

得到他人好处，我们会感到有回报的义务

俗话说：吃人家的嘴软，拿人家的手短。在得到恩惠之后，我们常常会感到有回报的义务，会想办法用另一种好处来报答他，这就是心理学上的"互惠定律"。

第一次世界大战时，为了刺探敌情，各国专门设置了一种特种兵，任务就是深入敌后去抓俘虏。当时是堑壕战，大队人马要想穿过两军阵前的无人区十分困难。但如果一个士兵悄悄爬过去，溜进敌人的战壕，相对来说就比较容易了，所以参战双方都有这方面的特种兵。

有一个德军特种兵，他以前曾多次成功地完成这样的任务，这一次又出发了。他很熟练地穿过两军之间的地带，悄无声息地出现在敌军的战壕中。这时，一个落单的士兵正在吃东西，毫无戒备，一下子就被德国兵缴了械。他双手高举，手中是刚刚正在吃的面包。这时，他本能地把面包递给了对面的敌人。德国兵被这个突然的举动打动了，只见他做出了不可思议的决定——没有俘虏这个敌军士兵，而是空着手回去了，虽然他知道回去后上级会大发雷霆。

这个德国兵为什么这么容易就被一块面包打动呢？这正是人们得到好处需要回报对方的心理在起作用。虽然德国兵从对手那里得到的只是一块面包，或许他根本也没有要那个面包，但是他感受到了对方的善意。即使这善意中包含着一种恳求，但毕竟是一种自然地表达出来的善意，于是一瞬间就打动了他。也许当时他觉得，无论如何不能把一个对自己表示善意的人当俘虏抓回去，更别说要了他的命。

在中国，人们历来讲究礼尚往来，这似乎也是社会交往中的一项不成文的规则。心理学研究指出，人们的回报心理源于人在接受他人好处后，会产生难以忍受的负疚感。德国心理治疗师、"家庭系统排列"创始人海灵格说："当我们接受了某人的某些东西时，我们就会觉得内心有愧……会感到欠了他的情。这些义务让我们感到周身不适、压力重重，并试图通过回赠一些东西来消除它。"为了使自己尽快从这种心理重压下获得解放，人们在接受他人好处后，就乐于给出与自己收获到的同样多、甚至多得多的付出作为回报，以减轻负疚感。

因此，当我们有意或者无意的帮助别人的时候，往往会得到别人双倍甚至更多倍的回报。通俗一点说，你收了"人情"，就是"欠了债"，就要"还人情"。这个"人情"一天不还，你就会一直感到有一种无形的"道德压力"。当然，如果你始终没有还，有时也会让对方看轻你，认为你是个喜欢占便宜，不值得交的人。为了保持交往关系，大家就必须学会"讲人情"，"人情"来来去去，就成了一个充满"人情味"的社会。

在这样的社会里，我们要懂得随时送出人情和及时回报人情。这里要谨记两点：一是你"先行付出"时，一定要根据彼此的亲密程度和对方的回报能力适度付出，这就是"交往适度效应"。否则对人过好反而会破坏彼此的关系。

例如你对他太好，使得他得到的大于付出的，会让他感觉无法也没有机会回报你，所以为了减少内心的"道德压力"，只能试着疏远你。同时如果你持续付出，时间长了，他就会习惯你的付出，认为你应当付出。这时，只要你某一次没有达到原来的标准，不仅不会换来他的感激，而且会得罪他。

当遇到另外一种情况，即他人先付出时，切记你的回报起码要与之对等，或者最好能高一点。否则也会导致接收方的心理失衡。假如说别人给你多少帮助，你就给他多少回报，这看起来更像是交易，至少会给对方这种感觉。而多回报一些就不同了，别人会觉得这是你对你们之间关系进一步发展的认可，或者说是彼此继续相处的信号。相信只要你们平时没有大的仇恨，关系就会变得越来越好。

当然，别人先行付出，我们也要注意根据大家的熟悉度适时回报。在不是很熟悉的朋友之间，你求别人办事，如果没有及时回报，下一次又求人家，就显得不太自然，因为他会怀疑你是否有回报的意识，是否感激他对你的付出。如果对方突然有一件事反过来求你，而你又觉得不太好办的话，也会陷入难以拒绝的尴尬境地。因此对这类人最好不要欠太多人情，欠了人情也要及时还上。

在关系很密切的朋友之间，就不一定要马上回报，那样反而显得生疏。但也不等于不回报，时间可以拖得长一些，或有合适的机会再回报就可以了。总之，我们心里要为自己的"人情"立一个账本，这样才能让你在这个"人情味"浓厚的社会里，游刃有余地与他人往来。

哲学家爱默生说过：人生最美丽的补偿之一，就是我们真诚地帮助别人以后，同时也帮助了自己。生命就像是一种回声，你送出什么就收回什么；你播种什么就收获什么。"爱别人就是爱自己"这句话道出了人际关系的"核心秘密"——你付出别人所需要的，他们会相应给予你所需要的。

【关键提示】

> 人与人的相处其实很简单。你想要别人成为你的朋友，你必须主动去成为他的朋友。心要靠心来交换，感情只有感情来博取。同时，也要注意多站在对方的角度去考虑问题，方能知道别人究竟需要什么样的帮助。只有恰到好处的"雪中送炭"，才能给对方以绵绵不绝的温暖，让彼此的关系更进一步。

情感投资比利益诱惑更能打动人心

日本麦当劳的社长藤田田在他的畅销书《我是最会赚钱的人》里谈到,他发现感情投资在所有投资中,花费最少,回报率最高。

藤田田确实是一个很擅长"感情投资"的人,为了让麦当劳的员工和家属在生病或发生意外时,能立刻住院接受治疗,他每年都会给医院支付巨资,作为保留病床的资金。有人曾问藤田田,如果他的员工很少生病,那这笔花销岂不是得不偿失?藤田田的回答是:"只要能让我们的员工安心工作,这笔钱对麦当劳来说一点都不亏。"

藤田田还把从业人员的生日定为个人的公休日,这一天大家可以在家休息,并和家人一起庆贺,养足精神后,第二天再精力充沛地投入到工作当中。他一直这样做的信条其实很简单,就是为员工多花一点钱,给他们情感上的抚慰,而这恰好可以换来员工更大的积极性和巨大的创造力,这可是任何一项别的投资都无法比拟的。

人非草木,孰能无情。无论一个人外表多么强硬,在内心深处都一定有情感的需要,就是希望从别人那里得到关怀、体贴和重视。物质满足替代不了人的情感需要,情感需求有时甚至比物质需要更重要。因此,在人际交往中,投资感情往往比投资金钱和利益更能征服人心。

对于感情投资,我们不能抱着"杀鸡取卵"的态度,而应该持续投入。不能只做表面文章,保持三分钟热度。大多的人情投资需要较长的时间才能结出果实,"路遥知马力,日久见人心"也就是这个道理,

第一章 透视人际关系背后的心理秘密

毕竟人与人之间的理解与信赖也需要一个过程。所以，应以"长线投资"代替"短线投资"。

小雯是一家商贸公司的业务员，她非常善于进行感情投资，这为她赢得了一批固定的顾客。那么小雯是怎样和客户增进感情的呢？

秘密就在于她的一个记录本上，那里面记录着每位客户的个人信息、联系方式等相关信息，每逢节日或是一些新老客户过生日的当天，小雯就会送上一些小礼物。

她的记录本上有一位叫王宁的客户，端午节是他的生日。就在端午节当天上午，王宁突然收到快递公司送来的一盒蛋糕和一束鲜花，蛋糕上有用奶油写着"祝你生日快乐——小雯"的字样。王宁看了非常感动，他说自己做采购这么多年，经手货物几百万，送什么礼的业务员都有，但从来没有一位业务员对自己的生日表示祝贺。想到这里，王宁连忙拨通小雯的手机表示感谢。小雯笑着说，蛋糕和鲜花只是代表我的一份心意，不论买卖如何，期望以后我们都能成为好朋友。

自此以后，王宁就对小雯格外关照。王宁说，这不仅仅是因为小雯为自己送生日蛋糕和鲜花，更因为他感受到了小雯真诚和重情的为人，与这样的业务员打交道，不是进行一般的买卖，而是在交心、交朋友。小雯坚持每年都给王宁送去生日和节日祝福，几年后，王宁就成了小雯最大的回头客。小雯就这样坚持了十几年，她的回头客越来越多，朋友也越来越多。在这一行业，她真正是从从容容、如鱼得水了。

感情这种东西，不是一朝一夕就能培养起来的，不是说你今天给对方发一个祝福的短信，就能获得一段长期稳定的关系。它需要我们长时间地不断投入，只有在这个过程中，对方才能看到你的诚意，也才能开始回应你的好意。因此，我们要学习小雯这种持之以恒的"投资"精神，为自己的人情账户赢得更多的资源。

其实，感情投资有很多方法，关键看你能否用心去做。下面就为大家介绍几种：

首先,要熟悉对方最看重的东西。如果我们平时在对方最看重的人或物上下足功夫,这种感情投资就会事半功倍。例如你要记住对方的生日。每个人都非常重视自己的生日,虽然他们嘴上不说,但在他们生日的那天,如果给他们寄去一张生日贺卡,或送上一束鲜花,或为他举办一次小型的生日宴会,其效果必定非常好。这种在别人情感上引起的震颤,是金钱所无法比拟的。

其次,给他一些特殊的对待。每个人都希望别人重视自己,待自己与众不同。因此,当你给别人一些异于常人的对待,稍多一点的好处,让他感觉到特殊的话语和行为时,就会引起对方的好感。比如有时话语中渗透的特别语调,都会令对方心旷神怡。

第三,随时发现身边人的心情和生活状况。每个人在生活中都会遇到困难,会有烦恼。对那些我们经常接触的人,要多注意他们的生活状况,假如他们陷入困境,你最好能真诚地出手相助,这种雪中送炭会让人铭记一生。

当然以上这些技巧只是"术"的东西,唯有保持一颗乐于助人的心,随手播下一些慈悲的种子,这些种子才会在他人心中生根,发芽,结出丰硕的果实。这就是佛家所谓的结缘。也许你现在种下的这些缘不一定马上得到回报,但终有一天,他会反馈回来,为你的生活雪中送炭,或是锦上添花,甚至会荫及你的子孙。

【关键提示】

情感投资永远比利益投资更能打动人心,这也是成本最低、获益最大的投资。这只需要你日常多用心,多给他人关怀和帮助。只有持之以恒地往"感情账户"上存款,需要"提款"的关键时刻才不会"透支"。

第二章
警惕负面交往心理
——用强大心理能量，打造优势人际关系

一个人，把自己想象成什么人，他就会成为什么人；一个人，他心里藏着什么，就会更多地吸引什么。我们若想成功地与人交往，必须先让自己的心里充满正面的能量，如善意、爱、自信、诚信等，而不是自卑、恐惧、害羞、嫉妒、自大等负面的东西。只有心灵充满阳光，我们才能吸引到阳光的人际关系。本章就是告诉大家怎样祛除这些负面能量，为我们能与他人正常交往铲平种种障碍。

第二章 警惕负面交往心理

超越自卑，用自信去吸引和打动他人

每个人都不卑微，都是世界上独一无二的存在，都有自己的优点和价值。

但没有几个人是始终自信的，即使是最成功的人也有自卑的时候，这是造物对人类开的玩笑吗？不是，这正是为人的乐趣所在，各种情感的对立与融合最终造就了我们精彩的人生。然而过度自卑，就会影响到我们生活的方方面面，特别是与他人的交往。

有一位刚刚参加工作的女孩，在学校读书时，她就很自卑，朋友圈子很少，经常一个人独来独往，孤独地活在自己的世界里。

这种性格也为她的工作带来了麻烦。毕业后，几经周折，她终于在一家服装公司找到份总经理助理的工作，主要工作内容就是安排总经理的日常行程，同时负责接待客户。开始上班的前一天，想到自己的工作内容，她就心里打鼓，觉得自己不行，一定做不好，甚至紧张到一夜未睡。第二天一上班，见到总经理，她竟然手抖得不行。

幸好入职前几天总经理没有给他分配特别多的活儿，只是让她多学习，多熟悉业务。一周后的一天，总经理有事儿外出，这时公司一位非常重要的客户到公司所在城市出差，临时决定到这家公司看看他们采购产品的进度。接待任务理所当然地落在了这位女孩的身上。

她十分紧张地将这位她眼中的"大人物"领到公司附近的一家高

级餐厅里吃饭。席间，客户和她聊了会儿家常，她磕磕绊绊地回答了几句，后来，客户问到他们产品的情况，这位女孩头皮一阵发麻，因为她对公司的业务只是初步了解，觉得自己口拙，说不好就影响了客户关系，因此只是惊恐地低着头，客户对她的态度忍无可忍，因碍于合作的情面，所以没有中途离席。

后来，客户和总经理提起此事，总经理于是狠狠训了她一顿，她边哭边想，自己真的是做不好这份工作啊。

这位女孩其实就是自卑心理在作怪，过度自卑的人往往不能客观地看自己，很容易自我否定。他们还要极力回避刺激，不愿与人交往，不愿承受压力，心理上消极退缩，倾向于自欺欺人。自卑心理过度的人，容易与社会隔离，不爱接触新生事物，对自己的未来和社会充满恐惧，因此会习惯于自我的狭小天地，坐井观天，视野狭隘，看不到任何进步的可能，也感受不到任何成长的喜悦，渐渐麻木于得过且过，任人生希望的火烛破灭，当然也就更谈不上拥有温暖而和谐的人际关系了。

因此，在与人交往时，如果你发现自己有这方面的交往障碍，一定要想办法做好自我调节工作，下面就为大家介绍一些超越自卑，建立自信的方法：就是不要等着别人去拯救你，要学会自救。

也许很多孤独自闭的人都会有这种感受，我们没有朋友，没有人来看望我们，没有人关心我们。我们就像一块冰激凌，不敢和外界接触，怕一见光自己就化掉。在孤独中，我们只能整天在自己的屋子里，一双苍白的手绝望地抚着玻璃，心里呐喊着：救救我。

可谁又会来拯救我们呢？俗话说，自助者天助，我们只有靠自己才能走出自卑的"黑屋子"。如果你告诉自己："我有决心战胜这可恶的自卑心，我要用自信去吸引和征服他人。"好，那我们就开始讲讲建立自信的三个要点：

第一，你要多看自己的优点，经常和自己说"我真棒"。

第二章 警惕负面交往心理

很多人都有一种红眼病心理,认为什么都是人家的好,似乎同样的饭盛在别人碗里都比自己的香,其实这种心理最要不得。要知道,我们每个人都是造物最独一无二的创造,都是这个世界上最独特的个体,我们有自己的魅力和优点,正如我们所羡慕的人也有他们的缺点一样。因此,我们要多赞美自己的优点,每天出门前,你最好能站在镜子前,大声地告诉自己:"看,镜子里的这个人多棒!他善良、待人真诚,他值得拥有一切,包括朋友。"接下来的一天里,不断提醒自己"我很棒""我值得做他人的朋友",并积极地与他人接触,试着保持对每个人微笑,这样,你传达给大家的就是积极的交往信号,自然会得到大家积极地响应。

第二,你要保持自我,不要为了迎合他人而随意改变。

我们很难想象一个没有自我的人,在与人交往时会赢得大家的好感。他只会唯唯诺诺,对方不仅会因此看轻他,更会因为与他交往对自己无益而远离他,除非对方有很强的控制欲和霸权心理,希望所有人都是他自己的王国中的臣子。

当然,运用这种方法的前提是,你要有自己正确的是非观和价值判断。就是说,你不能因为不相信自己,就不敢对每件事儿说出自己的想法,并且在认为它正确的前提下,敢于坚持。

第三,在与他人交往中,你学会了"肯定自我"和"保持自我"之后,你还要学会拒绝自恋,因为自恋就是自卑的一种变体,同样是一种自我保护机制,会让我们以自我为中心,我行我素,从而失去朋友,离群索居。那么如何克服自恋心理呢?自卑和自恋其实都是对自我认知产生的偏差,因此自恋的人应该重新定位自己,认清自己的优势,也要看清自己的缺点。同时,要摆脱自恋,就要走出以自我为中心的人生观,试着去欣赏他人,去付出、去帮助他人,并渐渐在付出爱、收获爱的过程中享受与人交往的温暖。只要敞开胸怀,让他人走进来,相信你终会走出自恋的误区。

每个人都是上帝咬过的苹果,人人都有缺点,也都有光鲜的一面。

我们多看看自己光鲜的一面,不要为了迎合他人而否定自己,将自己活成一个阳光的、积极的、正直的,真正值得他人与你相交的人,那么,你就等着他人主动向你靠拢吧。

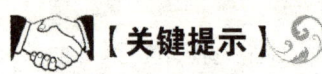

> 有一个非常神秘的概念,叫吸引力法则。它是说你想成为什么样的人,就能成为什么样的人。如果你想改变自卑的自己,就不要关注自卑本身,而是去想象自己自信的样子,假以时日,你在吸引自信的同时,也会吸引到他人的注意。

利用"居家优势",消除社交紧张

与人交往时我们都有点像小乌龟:只有把头多伸出去一点,才能够取得进步,才能交到朋友。可是很多人在与人开口说话之前就打退堂鼓了,他们都会一致地说:"我太紧张了,我真不知该说什么好。"于是他们继续逃回那个看似安全的壳里面,"享受"那一刻的"安全"。

下面就让我们看看汤姆冒了多大的风险才表达出了他对爸爸的爱:

汤姆:爸爸,我最近一直在做一个梦,是关于你和我的……我梦见有人说你去世了,于是我痛哭着冲到了外面,在大街上,有人拦住我,问我为什么哭,我说我爸爸去世了,可是他从来没有说过他爱我。

凯奇:汤姆,你怎么了,是不是最近和朋友玩得太疯、太累了,所以才做这样的梦。

汤姆:可能是。但你真的没有说过你爱我,我也没有说过。

凯奇:你到底要说什么?

汤姆:我要说的是……

凯奇:你到底要说什么?

汤姆:我爱你,爸爸。

他说出了这句话,然后很尴尬很不好意思地看着爸爸。

凯奇:我也爱你,孩子。

凯奇激动地回答,眼里充满了笑意。

汤姆最后成功表达了对父亲的爱，也得到了父亲的回应。虽然他开始很紧张，觉得很不好意思，但是结果表明，只要不被紧张所累，你冒的风险越大，机会就越多，得到他人回应的可能性就越大。

那么，这种紧张情绪在什么情况下会产生呢？在你需要和一个陌生人谈话时？在你发出邀请时？在你请求他人帮助时？在别人批评你时？在你想表达爱或者关怀时？是的，在你想向他人伸出橄榄枝却怕他人拒绝时。

这真的只是你的想象，如果你一旦让自己行动起来，你会发现想象中的困难很微不足道，事后，你自己甚至会觉得可笑。

当然，经过以上一番说教，也许很多人仍旧会说，这些我们都明白，可是我们依然会紧张，怎么办？利用"居家优势"。

假如你面临这样一个难题：你的邻居经常半夜三更不睡觉，总是聚集三五个人，像开音乐派对一样大喊大叫，扰得你无法安睡。而明天，你还要为工作奔波劳累。忍无可忍时，你觉得该找他谈谈了，这时，你该去他家呢还是请他到你家来？

也许你会回答，"我会直接敲他的门，和他说一声。可以表现得稍稍有气势一点，以充分表达我的不满。"

可是我们给你的答案却正相反，你应该让他来你家里。在熟悉的环境里，你不容易紧张，而且还具备了天然的心理优势。而你的邻居，面对一个陌生的环境，他就会觉得缺乏安全感，气势上首先低你一头，再加上自己理亏，你想不成功说服他都难！

当然，利用这一策略时，我们要避免一个认识误区，即"居家优势"中的"居家"不单单指你生活的家，它也包括你熟悉的环境。比如，要跟陌生人单独见面时，我们可以约在自己比较熟悉的咖啡厅或者餐厅，这样我们就会相对放松一些。所以，很多女性在相亲时，一般会选择离自己比较近的地方。

这个"家"还包括你熟悉的人等一切自身以外的因素，如几个朋友、一些话题等。当你无法掌握选择环境的主动权时,就要学会利用其他你所熟悉的优势。

在一次聚会上,李磊看到了一位漂亮姑娘,他被她的气质深深吸引,当时就很想上前搭讪,却实在没有勇气,紧张得要命。正在他心理暗自着急的时候,李磊看到一起来参加聚会的同事走到了姑娘旁边,还与她愉快地闲聊起来,仿佛很熟的样子。"真是得来全不费工夫啊!"李磊暗自庆幸。待同事与那位姑娘告别之后,李磊便拉住了同事,说了自己的想法。

"这个好办,包在我身上,我和她是校友!我介绍你们认识。"就这样,同事把李磊带到姑娘面前,对她说:"小薇,给你介绍个朋友认识。这是我的同事李磊,可别小看他,他可是程序设计专家,我们公司很多软件都是他写的!"就这样,李磊顺理成章地认识了小薇,也给小薇留下了很好的第一印象。

李磊的做法可谓高明,我们想认识别人的时候,不妨邀请你们双方都认识的某位朋友来做"中间人",让他为你和你要交往的人营造一种良好的人际场,也就是我们前面说的"居家"中的"家"。要知道,"中间人"帮你做的宣传,远比你自己当着陌生人的面自吹自擂管用得多。不仅如此,有人引荐还会迅速消除你和目标人物初次见面时的紧张感,有利于你们进一步交流。

同时,我们还要从另一方面看"居家效应"。如果在别人家做客时,我们即使很放松、很有心理优势,也要记得"客随主便"。即使在主人们犯错误、或者有所冒犯时,也一定要给主人留足面子,否则,你很容易招致主人的不满。

总之,与人交往,特别是与陌生人交往,就是一场心理博弈,而"居家效应"就是为你占据优势地位提供的博弈砝码。如果你将这一方法运用得当,就会轻松获得心理优势,从而消除紧张,展现出自信,更好地吸引他人走近你。

【关键提示】

"我的地盘我做主"。要想在社交中掌握主动权，就要充分调动这"地盘"的力量，当然最重要的还是"心理地盘"。在心理上占据优势后，我们就会产生居高临下，至少是平等的感觉，从而取得交往的阶段性胜利。

教你克服和陌生人说话的恐惧

说话是个大问题，一张能言善辩的巧嘴是我们与他人交往的必备工具。然而，很多人却没有发挥好说话这个功能。

原因不在于他们先天口吃，不在于他们思维迟钝，而在于他们的心，他们一见陌生人就脸红心跳，手足无措，说话结结巴巴，最后只好沉默。这就使得他们很难与陌生人进一步交流，更没办法进一步交往。这是很多人在社交场上的一大障碍。

小邱就陷入了不敢说话的苦恼中，在工作中进退不是。

小邱是个性格内向的女孩，在学校里一直寡言少语，但在那个学习成绩决定大家能否毕业的时候，她的沉默和努力成就了她，小邱的成绩一直都很优秀，最后她顺利从大学毕业，同时和家人介绍的男友结婚了。不久，小邱就有了宝宝，因此她一直没有出去工作，全心全意地守在家里围着宝宝转了3年。后来宝宝上了幼儿园，家人帮小邱在电视台找了一份工作，在这个喧闹繁杂的工作环境中，她看别人忙得风风火火，谈天说地好不热闹，小邱也想加入进去，但内向的她就是不知怎么张口，不知该说什么话。她也不会在公共场合，如部门会议的发言中展示自己。就这样几个月过去了，她一直默默无闻，没有朋友，工作也没有什么业绩，她感到焦虑不安，心里只剩下一个念头：逃离这个工作岗位。

像小邱这样的人在我们周围大有人在，很多人因为性格的原因，无论何时遇见陌生人时，心里都会七上八下，不知怎样才能打开话匣子。

其实仔细分析小邱这一类人的心理，他们害怕和陌生人说话主要是因为害怕自己被拒绝，害怕自己的主动不能得到别人的积极响应，从而让自己陷入窘迫、尴尬的境地，进而伤及自己脆弱的自尊心，更怕自己因这拒绝成了大家嘲笑的焦点，会很没面子。事实上，如果我们进行一个换位思考，假如别人主动向你善意地打招呼，你会拒绝吗？相信你的回答会是：除非我心情不好，但我也不会伸手去打笑脸人。是的，除非你性格古怪，不喜欢别人打扰，否则大部分人都不会拒绝别人主动的示好。因为这是彼此展开交往的第一步。

即便是萍水相逢的陌生人，如果其中一个能主动打招呼，并开始彼此的交谈，那么他们也很有可能会成为好朋友。

一辆火车奔驰在美国的大地上，在一个独立的车厢里，有一对陌生男女。看得出来，这位男士对坐在他对面的女士非常感兴趣，于是他便没话找话地说："小姐，请问你这是去哪里啊？你没带行李，估计不是去旅行吧。"女士从她的杂志上抬起头来，看了看这位陌生男士，说道："我去菲尔德镇，我家就在那儿，没必要带行李。""哦，菲尔德镇，那可是个风景优美的好地方，不是吗？"女士笑着点了点头。这时，那位先生趁热打铁地说："我还记得车站旁边的那个咖啡馆，里面的咖啡味道真是棒极了，不知现在是否还在？一年前我还去过那里，时间过得真快！""哦，您说的是布朗咖啡馆吧！是的，我周末也常去那里，气氛真不错，布置得也非常有情趣。"女士答道。

就这样，双方的交往从男士的一次主动交谈开始，后来他们互留联系方式，成了很好的朋友。

世上本没有恐惧这个东西，它只存在于你心里，你的心又控制了你的嘴巴，而你的嘴巴又让你失去了朋友。也许很多人会说："其实我也明白这些道理，但是一旦遇见陌生人，我的心里就像有一道屏障。我一直鼓励自己主动去打招呼，可我的腿像灌了铅，我的大脑像被麻痹了，我的嘴也被锁住了。"这时该怎么办呢？方法很简单，不要想你的腿、

第二章 警惕负面交往心理

你的大脑、你的嘴,把你所有的意念集中在一点,你的交往对象身上,反复告诉自己,我想和他说话,我要和他深入交谈。有了这个心理准备之后,我们就来教你一些方法性的东西:

首先,和陌生人交流时,第一句话可以直接说出自己现在的感受,如你正在参加一个聚会,你可以直接说"我在这里一个人也不认识"或"我不知道该讲些什么"、"我不太会说话,真的很不好意思。"这样坦诚地暴露自己,一方面可以缓解你的紧张,另一方面也会得到他人的理解和响应。

其次,你要多围绕对方展开话题。因为人们往往千方百计地使别人注意自己,这是人的天性,以对方作为谈话的开端,往往能让他对你产生更多好感。如赞美陌生女人,你可以说:"你的衣服搭配得真有品位"、"你的发型真的很适合你的脸型"等,这些能很快加深你们的关系。但如果你羞于见面就说这些话,也可以退而求其次,可以说"你看的那本书正是我所喜欢的"等表示共同兴趣爱好的话。

再次,性格内向,害怕和陌生人讲话的人,不妨多提问。如:"你工作忙吗?""你喜欢今天的晚餐吗?"等等,通常人们会热心地回答,特别是他们感兴趣的话题,这样可以把话题延续下去。

我们还可以做个很好的倾听者,一旦你通过发问把对方的话匣子打开了,如果接下来你还是感到窘迫,那就做个好的倾听者吧。在紧要的时刻随声附和一下,让对方觉得你正听得津津有味即可,这样你们的关系也会有进一步的可能。

最后,若是你发现一个陌生人与你说话时,他的眼睛一直凝视着你,这时你千万不要因不好意思而退缩。你可以多和他谈论一些有思想性的话题,因为这类人更善于思考,你可以提一些这方面的问题,他会很乐意和你继续探讨下去。

要记住,你对别人好奇的同时,他也对你好奇,而这好奇心不仅可以给你打开一个新奇的世界,还能为你带来难得的朋友。人生大舞台,千人不同面。只要你克服害羞心理,克服觉得自己平淡无奇、没有人会对自己感兴趣的自卑心理，大胆地表达出你的见解，和别人分享你的趣事儿，不要害怕被人拒绝，也不要害怕你的观点与他人不同，只要彼此以诚相待，总会谈得投机。

【关键提示】

在与陌生人交谈感到紧张时，你还可以尝试以下一些小技巧。比如，利用腹部深呼吸来调整呼吸，减轻紧张情绪；学会控制身体语言，如不要双手紧握、不要紧闭双唇等，这些会起到更好的放松作用。

第二章 警惕负面交往心理

用"行动疗法"战胜害羞心理

一个害羞心很强的人,他的身边一定缺少朋友,他的人生也必然清淡如水,或如"鸡肋",难舍却无味。但害羞就像人类天生的基因,或多或少在每个人的身上都有存留。我们先来听听一个异常害羞的人的独白:

"记得我在读小学之前,喜欢一个人呆着。家里住在草原上,所以我就追着风,奔跑在一望无际的绿色中。我特别害怕家里来客人,如果哪次我没来得及跑出去,就得想各种办法躲避这些看望我们的人。他们都是我的亲人,我的叔叔、婶婶、堂弟等,但我会藏在衣柜里、床底下,以及一切他们找不到的地方。说实话,我很害怕见到他们。后来渐渐长大,我的情况也越来越糟。"

的确,每个人都有害羞心理,只是有些人隐藏得更好,不易被觉察;有些人表现得更突出,从而影响到他们的正常交往罢了。害羞的人一般自我认同感比较低,他们会避免出现在任何一个让自己感到困窘的场合,这就使得他进一步从人群中孤立出来,接着就沉溺在自己的缺点中了。而有些人甚至在独处的时候也会感到不安。如他们回忆以前失言或失礼的事情时,就会脸红心跳;在想到一个要来临的社交活动时,也会感到焦虑。在这些回忆和想象过程中,害羞也随之产生了。

对于这种害羞心理,很多人的办法是保持低姿态,活在自己的世界里,压抑自己的想法,不去与他人接触。这只能使表面看起来镇定的他们，内心却像一个错综复杂的下水管道，到处堆满了不安的感情和压抑的欲望。而这些都会影响他与其他人的正常交往。

那么怎样克服这种害羞心理呢？也许下面这个推销员的故事会给你一些启发。

有个人很想当推销员，可是他和别人说话时总会心跳加速，脸涨得通红，话也说不清楚。为了克服这种障碍，他决心去请教一位心理大师。

大师与这个人交谈片刻后，说："若要治好此病，你得先回答我几个问题。"

他说："请大师问吧！"

大师问："假如你站在即将拜访的客户家门外，那么，你想到哪里去呢？"

他答："我想进入客户的家中。"

大师问："当你进入客户的家以后，你会遇到最坏的情况是什么呢？"

他答："最多被客户赶出来。"

大师问："被赶出来后，你会站在哪里呢？"

他答："还是站在客户家的门外啊！"

大师说："很好，那不就是你一开始所站的位置吗？最坏的结果，不过是回到原处，又有什么好担心的？"

这个人听了大师的话以后，就决定尝试一下，他来到一家客户门前，心怦怦地跳着，这时他攥紧拳头，闭上眼睛，深呼吸了一下，然后对自己说："让我试着沟通，说不定还能获得成功，即使不成功，也不要紧，我还能从中获得一次宝贵的经验。最坏最坏的结果就是回到原处，对我没有任何损失。"

于是，他敲响了客户的门。不一会儿，门开了……他开始了自己成功的推销员生涯。

第二章 警惕负面交往心理

害羞是我们很多人的通病，但原因却千差万别：有的人是天生胆小内向，性格原因使然；有的人是认识有误，怕在人前出丑，有损自己的面子；有的人则是十分敏感和自卑，过度在意别人对自己的评价而显得缩手缩脚，表现得很不自在……无论原因为何，我们都得先从思想上解放自己。先把心态放平，然后经常鼓励自己，比如"他喜欢和我交往"、"我能讲好的"、"第一次见面虽然重要，但以后有更多机会，这次放松一些好了！"等，这些都会帮助你克服害羞心。

美国著名人际关系学大师卡耐基曾经说过："征服畏惧、建立自信和克服羞怯心理最快最切实的方法，就是去做你害怕的事情，直到你获得成功的经验。"这个道理很简单。只有实践才能让你成长，这在心理学上称之为"行动疗法"。

琼斯是个新闻记者，他极为羞怯怕生，有一天他的上司叫他去访问大法官布兰代斯，琼斯大吃一惊，说道："我怎能单独访问他？布兰代斯不认识我，他怎么会接见我？"

在场的一个记者立刻拿起电话打到布兰代斯的办公室，和大法官的秘书讲话。他说："我是《明星报》的琼斯（琼斯在旁大吃一惊），我奉命访问法官，不知道他今天能否接见我几分钟？"结果得到了对方肯定的回答，然后这位记者说："谢谢你，1 点 15 分，我准时到。"他把电话放下，对琼斯说："你的约会安排好了。"

事隔多年，琼斯还会经常说起这件事儿："从那时起，我学会了单刀直入的办法，做起来不易，却很有用。克服了心中的一次畏怯，下次就比较容易一点。"真的是只有勇于实践才能让我们在实战中慢慢克服这种心理。

作为你心灵的主宰，你要做的事就是管好你的心，让它随时充满勇气与力量，当害羞等负面心理来袭时，能在瞬间击破它们。你要敢于抓住每一次与陌生人接触的机会，每一次当众表演的机会，勇敢迈出第一

步，并坚持下去。总有一天，你会在你的成就感中消除羞怯感，从容地与他人交往。

【关键提示】

我们之所以害羞，还是对自己的肯定不够，害怕自己的表现不会得到他人的认可，说白了也是我们太看重他人的认可。因此我们选择从人群中退出，其实这只是一种逃避，是对融入这个世界的逃避，而这对我们的生活是相当危险的。我们要做的就是放开自己，做个"厚脸皮"的人，自信地在人群里"起舞"。

变身强者，告别你的羡慕嫉妒恨

嫉妒是对别人幸运的一种烦恼。古希腊斯多葛派的哲学家这样理解嫉妒心理。

在人与人交往的过程中，嫉妒是一种非常普遍的负面心理。然而，没有人喜欢与一个心中充满嫉妒的人走得太近，因为他们同时要承受嫉妒者带来的恐惧。

古罗马作家奥维德在他的《变形记》中，为大家呈现了一个嫉妒的化身：因维迪亚，她不懂得真正的欢笑为何物，只有当别人受苦时，她才笑。每当她看到别人获得成功时，就会气急败坏，一病不起。她挂着一根蔓藤缠绕、毒刺丛生的拐棍，以黑烟遮体，去给人"接种她的癖好"，她所到之处，"烤焦了植物的顶端……散毒于人群、城市和房屋。"

"因维迪亚"就是我们心灵的毒药，它四处游走，让人避之唯恐不及，同时也害人害己。《三国演义》中嫉贤妒能的周瑜，最后那句"既生瑜，何生亮"的仰天长叹仍然在我们耳边回绕，一代英姿勃发的英豪就在这强烈的嫉妒心中身亡，让人唏嘘不已。你或许也会为之深深感叹，但在感叹的同时，你也要摸摸自己的心，问一问它：嫉妒是否已经发芽？

很多时候，嫉妒心的产生是因为我们对自己现状的不满，以及对他人的羡慕，我们希望自己也能像别人一样有胆识、有地位、或者有豪华车、有大房子。这种不满也许会成为我们前进的动力，这需要我们自觉

将其进行转换，转换成奋起直追的心态。能转换的这种心理用羡慕来形容更贴切。如果任羡慕发展，达到攻击他人的程度，就变成了嫉妒。羡慕可以让一个人产生动力，而嫉妒只会伤害你的交往对象，破坏彼此的关系。

李伟是某重点大学三年级的学生，他的入学成绩非常优异。刚上大学时，他与同学的关系很融洽，这当然与他热情大方、乐于助人的性格分不开。同学们都喜欢朴素而又热情的他。

可几个月后，他的心理严重失衡。只要有同学哪方面比他强，他就眼红；只要老师当众表扬其他同学，他心里就酸溜溜的；看到家境好的同学不用勤工俭学就能过上很宽裕的生活，他就怨恨自己没有生在一个富裕的家庭；看到别的同学得了奖学金或被评为"三好学生"，他就嫉妒得夜里辗转反侧，暗暗埋怨老天不公。

李伟尤其看不惯与他来自同一所高中的一位老乡刘涛。原来两个人在高中时各方面都不相上下，上大学后，刘涛的成绩越来越好，而且被选为班干部，李伟就开始妒火中烧了。于是他时刻注意着刘涛的一举一动，妄图从中抓住把柄。他还到处散布刘涛的流言飞语，造谣中伤。他为了争口气，把刘涛比下去，在竞选班干部时竟然做小动作、拉选票，结果他的阴谋被同学们识破，唱票时只有他自己投了自己一票，搞得十分狼狈。后来，同学们都不再敢和他交往，李伟一个人在嫉妒的深渊中越陷越深。

李伟的做法确实很可恨，但可恨之人也有可怜之处。他追求卓越是没错的，只是他的心理和认知出现了偏差，所以才被嫉妒所俘虏，采取了错误的手段，从某种角度讲，他也是一个弱者。在生活中，我们要时刻向内关照，别让嫉妒心理抬头，以免伤人害己。

现在就教大家几招去除嫉妒心的方法吧。

第一招，时刻告诉自己要做一个强者。这样，你就会主动积蓄强大的精力、时间、智慧去创造、竞争，以争取最大的成绩。这也就是前面所说的转换，嫉妒心理抬头时，马上将其转换成奋起直追，而不是在背后使绊子。你只有对自己充满信心，不甘落后，不断努力，才能变得足够强大。到时，环视四周，你就不需要再去嫉妒了。

当然，面对这第一招，也许你会说，我没有这么超群的能力怎么办呢？那就学会第二招：重新自我定位。也许他人的成就让我们日夜难寐，坐立难安。虽然我们有心去追去赶，可是毕竟人与人的天分不等，水平不同，机遇和命运也不同，有时即使自己已经很努力，但也难以一时之间达到他人的程度。这时，我们总不能硬拔着自己的头发离开地球。做人还是得现实，此时我们能做的就是重新制定适合我们自己的目标和计划，并坚持去实现它，而不是在自己心灵黑暗的角落里，谋划怎么让他人"身败名裂"。

第三招就是：承认你的嫉妒感并及时宣泄。这也是比较直接快捷的一个方法。如果产生嫉妒心，我们没有必要扯一块遮羞布将它盖住，这恰恰是它发芽的土壤。还不如让它暴露在阳光下，比如你可以找个知心的亲友，痛痛快快地说出你对别人的羡慕嫉妒恨，然后由你的亲友适时地给你疏导一下，将其铲除在未发生威力时。第二天，你照样可以和你曾经嫉妒的人正常相处，并汲取他身上的优点为你所用。

莎士比亚曾说："像空气一样轻的小事，对于一个嫉妒的人，也会变成天书一样坚强的确证；也许这就可能引起一场是非。"如果你不想在人际交往中惹出种种是非，如果你还想通过建立庞大的关系网来获取未来的成功，那么就远离嫉妒心理，保持心灵健康吧。

【关键提示】

> 有嫉妒心理的人，大都有一个特征，那就是只嫉妒与自己水平、状况不相上下的人，而绝不会去嫉妒那些高出自己许多的人。因此，如果哪天你突然发现和你一起工作的同事被嘉奖了，你心里非常不舒服时，一定要开始防范，小心你的嫉妒心泛滥。

放低姿态，消除自大狂心态

君子之骄，骄傲的是内在的风骨。我们在与人交往时，不可因内在的傲气损害了外在的风度，否则，我们终会被贴上"自大狂"的标签，并因自己的狂妄自负、骄傲自大，失去处世的根本，落得个孤苦伶仃的结局。

都说"谦谦君子，温润如玉"，真正讨人喜欢的人，都是温润儒雅，善为他人着想的。而以自我为中心的人只会让人避之唯恐不及，就像下面故事中的这位"自大狂"。

小程和小吴是两位正在读研的女学生，她们想趁青春依旧时将自己"嫁"出去。一次，她们在学校的论坛上认识了一位男生，于是几人相约聚会。

来到约会地点，她们看到一个身材挺拔的男生，细高的个头，戴一副无框眼镜，很有几分书生气，她们第一印象感觉非常良好。于是几人相约在学校的玫瑰园餐厅中布置雅致的单间里聚餐。在等餐的过程中，这位男生一直滔滔不绝，说他的专业前景，说他最近和导师做的项目，以及他以后的打算等，根本不给女生们插话的机会。直到上菜，他才住了嘴。结果拿起筷子，他就开始大快朵颐，三盘菜很快被一扫而光，他又拿起汤匙直接喝起了那碗汤，直到底朝天。聚餐结束后，小程和小吴感到哭笑不得，他后来又约了她们几次，但都被她们委婉地拒绝了。两人再谈到这次经历时，不再直呼对方姓名，只用"自大狂"来代替，而这也成了她们读研期间拿来打趣的话题。这位"自大狂"在与女生交往过程中，就因为太过于以自我为中心，所以才会使大家产生厌恶感。

具有自大倾向的人一般有一些共同的心理特征，他们只关心个人的需求，强调个人的感受，所以在人际交往中就会目中无人。与别人相聚，高兴时就会海阔天空、手舞足蹈地讲个痛快，不高兴就乱发脾气，全然不考虑别人的情绪和想法。另外，他们会对自己和别人的亲密度估计过高，讲一些不该讲的话，使得别人出于防范心理而与之疏远。

其实，人的天性中或人的潜意识里，人们都是以自我为中心的，所以每个人的心里都或多或少地会有这种自大的心理。但是，我们不应该让其发展成"痴"或"狂"的程度，影响别人对我们的看法和态度，从而疏远我们，这就非常得不偿失了。因此，我们要时刻关注自己的内心和行为，如果哪一天在与人相处时表现出自大的迹象，一定要及时反思和改正。

当然，如果你觉得自己已经发展到自大狂的状态，那就要有意地调整自己了。

第一，我们要全面地认识自己。金无足赤，人无完人。我们不要被自己的优点所迷惑，就认为自己是天底下最完美的人，人群中的"月亮"，需要众星来捧。同时也不要孤立地去评价他人，每个人都有自己的独到之处，我们有超越他人之处，也有不及他人之处，因此发现了自己的缺点和别人的优点之后，我们在与人交往时要学会取长补短，谦虚相待。

第二，我们应主动放低姿态，向别人示好。这会让你备受欢迎，也会为你省去许多麻烦。

一位记者去拜访一位自视清高的政治家，想报道一些有关他狂妄自大的生活片段。记者在去之前就已经想好了对策，他暗暗告诉自己这次一定要挖到最真实，最值得炒作的消息才罢休。

记者到达了约好的地点，政治家早已在等他了。还没等记者开口质问，政治家就笑着对他说："时间还长得很，我们可以慢慢谈，请不要着急。"政治家这种谦和的态度让记者有些不知所措。

不多时，仆人将咖啡端上桌来，这位政治家端起咖啡喝了一口，立即大嚷道："哦！好烫！"咖啡杯随之滚落在地。政治家呵斥仆人道："怎么搞的？你不知道这位先生是我的重要客人吗？赶快换一杯！"仆人连忙收拾残局，并重新给他们泡了咖啡。

后来，抽烟的时候，政治家竟然把香烟倒着插入嘴中，从过滤嘴处点火。这时记者赶忙提醒："先生，你的香烟拿倒了。"政治家听到这话之后，慌忙将香烟拿正，不料却将烟灰缸碰翻在地……

平时趾高气扬的政治家出了一连串洋相，使记者大感意外。不知不觉中，原来那种挑战的情绪消失了，甚至与对方有了一种亲近感，而政治家的目的也达到了。这次采访，记者客观真实地报道了一些新闻，并没有如开始时想要百般刁难。

如果这位政治家和以前一样狂妄，恐怕记者就不会这么给他留面子了。在这危急时刻，高傲的政治家终于懂得弯下腰来与人平等相处，表现出自己并不完美，也会犯错的一面。这样的态度转变等于向记者传达了一个信息：我想与你和平相处。当他主动发出这个信号时，记者选择了配合。

第三，就是要有感恩的心。我们不可能孤独地生活在这个世界上，父母给我们生命和最初的生存所需，朋友给我们抚慰心灵的友情，爱人给我们温暖的家，甚至陌生人的劳作，给我们提供了衣食住行之便，所有这一切都值得我们去感谢。只要怀着这一份感恩心与他人相处，相信再自大的人也会因"我是宇宙的中心"这一想法而脸红。心怀感恩的人，会像一块磁铁，吸引他人到你身边。

人际交往是个双向互动的过程，如果我们总是以高高在上的态度自居，势必会引来他人的不满，然后就是躲避，这样我们会陷入无伴同行的孤单状态。因此，在生活中，我们要时时告诉自己：我不是太阳，我只是茫茫人海中的一滴水，只有和其他水滴紧密结合，我才能永不干涸。

【关键提示】

> 得意、狂妄、不可一世，这种自大狂的心态其实都是在弥补我们内心的自卑，因为这样我们会看起来更强势。其实这也只是虚张声势，就如同有的动物在敌人入侵时，膨胀身体企图吓退对方一样。

拔除过度猜疑这枚人际关系的毒刺

有一个"亡斧疑邻"的故事,讲的是人的猜疑心理:

从前,有一个人的斧子丢了,于是他就怀疑是邻居家的孩子偷的。接下来的几天,他看这孩子的表情,觉得像偷斧头的贼,听他说的话,也觉得像个贼,后来看他的一举一动,都觉得就是偷自己斧头的那个人。直到几天后,他偶然间发现了自己的斧子,后来再看邻居的孩子时,却发现他的言行举止一点都不像小偷了。

"亡斧疑邻"就是猜疑心理影响人们判断的例子。当我们猜疑他人时,生活中的一些细节都会被我们当作"证据",进一步加深猜疑对方的程度,从而形成恶性循环,破坏人际关系。

俗话说:害人之心不可有,防人之心不可无。人人都有自我防御机制,而猜疑就是人在自我安全感缺乏的心理状态下产生的防御心理。好猜疑的人总是喜欢从一个假想出发,没有把握地进行判断和推理,并且表现得处处神经过敏,事事捕风捉影,对他人也渐渐失去信心。殊不知,这会严重影响我们的人际关系。我国著名的画家黄永玉先生就因一次对他人产生不信任而后悔不已。

黄永玉在法国巴黎街头写生的时候,一次,一位年轻的法国女士微笑着跪在他背后看他作画。天气很热,这位女士给他倒了一杯水。这时,刚好黄永玉口渴了,就在他端起水杯的时候,他突然想到:在这个陌生的国度,一个毫无关系的人给一个素昧平生的画家倒水,她会不会在水里下药呢？正当黄永玉疑惑时，那位女士向他招招手微笑着离开了。黄永玉并没有喝那杯水，而是立刻伸手摸后裤袋里的钱包。发现钱包还在，他才放心地作画。

回国后，黄永玉为自己的举动和思想感到脸红。他发出了这样的感慨：我们心底不信任的基础太多了，辜负了太多的善意！其实对那位女士而言，给画家倒水只是基于对艺术的尊重和对艺术家的爱戴而已，就这么简单！

人们总是习惯以一种戒备的心态对待他人善意的付出和关爱，对陌生人如此，对熟悉的人有时也会如此。我们可能经常会碰到这种情况：当几个朋友或同事坐在一起闲聊的时候，偶尔笑着看你一眼，你就会怀疑他们在讲你坏话；当你的领导在会上指出最近成员的不良表现时，你会怀疑是否他正在针对自己；当你的朋友一段时间对你的态度冷淡时，你会觉得他对你有了不好的看法。因了这怀疑，接下来，你就会主动疏远你的朋友或同事，或者见到你的领导就小心翼翼、惴惴不安，结果你的朋友们会误读你的疏远而远离你，你的领导也会认为你是不是犯了什么错。一切都在这种猜疑中渐渐走向恶性循环。

那么，该如何有效地控制猜疑心理呢？

猜疑主要是源于对他人缺乏信任感，要想拔除猜疑这枚毒刺，首先要学会信任他人。你要在心里培养信任他人的土壤，虽然这个世界的人为名为利，彼此欺骗的现象屡有发生。但毕竟还有可以与自己守望相助，扶持向前的同路人，我们要学会信任他们。

在美国，有个富翁的儿子爬到一面墙上想往下跳，让这位富翁爸爸张开双臂在下面接住他。可是，当儿子跳下去的瞬间，这个富翁却闪身躲开了。儿子摔在地上，一面哭一面困惑地看着父亲，不知道他为什么要这样做。这时富翁跟他的儿子说：我让你跌一跤是为了让你学到一课——这个世界上就连父亲有时也未必信得过，何况其他陌生人。

还有一位父亲也跟儿子在户外玩，儿子爬到墙上想往下跳，父亲说会在下面接住他，儿子听过前面的故事，他怕自己的父亲也像富翁一样，所以一直很犹豫。但是父亲一直催促他。终于，儿子咬咬牙闭上眼睛跳了下去！他早已做好了摔下来的准备，最后他却躺在了父亲温暖的怀里！父亲亲切地对他说："我想让你知道——连陌生人有时你也可以相信，何况是你的父亲。"

第一个父亲的教育是可怕的，也是失败的，我们可以预见他培养的孩子一定是多疑的，孤僻的，当然也不会体会到人与人之间和谐相处的温暖。而第二个孩子有可能会受骗，但他也一定因为自己的阳光性格而交到许多朋友。总之，相信他人不会让我们失去更多，但一定会给我们带来更多无形的财富。这些财富不仅仅埋在我们心里，而且会在你人生路上的某个角落，成为你发展的助力。

同时，我们也要学会择人而交。管理学上有句话叫"疑人不用，用人不疑"，同样适用交友的领域。假如你想和一个人深入交往，就要先看清对方的本质，他值不值得你为之付出感情，如果不值得，那马上与其保持距离，表面上过得去就行。如果你认为他人品好，重义气，是个可靠的朋友，那就怀着真诚的心与他继续交往下去，这就是"疑人不交，交人不疑。"

另外，我们要特别警惕谣言的杀伤力。我们的猜疑之火会在这些谣言的煽动下，越烧越旺，此时最好找到猜疑的对象，开诚布公地谈一谈。当然，前提是，你觉得这个人值得你去开诚布公，否则如果是那些卑劣的小人，很可能制造出更多的骗局来。

英国哲学家培根曾说："猜疑之心犹如蝙蝠，它总是在黑暗中起飞。这种心情是迷陷人的，又是乱人心志的。它能使你陷入迷茫，混淆敌友，从而破坏人的事业。"确实，猜疑犹如人际关系中的一枚毒刺，如果不能及时拔出，早晚有一天，它会侵害到我们的骨髓，破坏一段本来值得我们去经营的关系。

【关键提示】

虽然我们生活的世界并不尽如人意,虽然和我们交往的人偶尔也会设下骗局,但我们为了活得轻松些,总要选择相信一些人。那么一旦选择相信,就请放下猜疑的心,敞开心扉,和他真诚交往,总会有人给你的人生带来别样的温暖。

第三章
巧妙运用人际交往中的心理透视法
——借你一双慧眼，看穿他的"微小"心思

人心可测。一个眼神、一个微笑、一个小动作、一个口头语，都在诉说着他内心深处的渴求，或者掩饰他真实的意图。我们要做的就是学会运用智慧的大脑，锻炼细腻的心思，去观察，去思考，去看透他微妙的心，有的放矢地去和他相处，这就是我们呈现这一章内容给你的目的。

第三章 | 巧妙运用人际交往中的心理透视法

像 FBI 一样，通过身体语言读懂他的心理

你知道吗？你的身体会随时泄露你的心事。

这并不奇怪，虽然你的意识会像个法官一样，一直检查你的言行举止是否得体，但你基本不会说谎的潜意识也会随时对其进行干扰，让你的真实意愿，在不经意的某个小动作中流露出来。很多警员就会根据身体语言来识别罪犯心理。

"他声明，自己从未见过受害者，并曾沿一排棉花地前行，然后左转，最后径直走回家。我的同事们快速记下了他的供词，而我则一直在注意着他的一举一动。我发现，当他说到左转和回家时，他的手打了个向右的手势，正好指向犯罪现场。如果不是一直在观察他，我不可能抓住他的这一破绽——即言语（左转）和非语言行为（向右的手势）的不一致。看到这个手势后，我立刻确定这个人在说谎。于是，过了一会儿，我们再次与他展开了较量，最终他不得不认罪。"

这是美国联邦调查局 FBI 探员乔·纳瓦罗根据身体语言准确解读罪犯心理的精彩一幕。

在人际交往过程中，除了使用到语言以外，每个人基本都会用表情、手势作为辅助工具，或者强化自己的观点，或者表达自己的拒绝等。心理学家赫拉别恩曾提出一个公式：信息传播的总效果等于7%的语言，加上38%的语调语速，再加上55%的表情和动作。而实际上，即使是在没有刻意地运用身体辅助表达时，我们的身体依然会在不知不觉间向他人传递一些信息。下面就为大家介绍几种身体动作传达的

信息：

头部动作。在我们的习惯思维中，点头就是"我同意"，或者赞赏的意思。其实，在不同的场合，如上级面对下级、长辈面对晚辈的鞠躬敬礼时，会回以点头表示礼貌。另外，点头频率不同，其内在含义也不同。缓慢点头表示对你的内容感兴趣，或认同你的言论。如果频繁点头，可能就是对你的谈话感到不耐烦了，这时你可以结束话题了。

另外一种头部动作是摇头。当然其寓意是不赞同或拒绝，在某些场合，也有不敢相信眼前发生的事儿，或无能为力的意思。

表情变化。我们可以通过一个表情持续的时间来判断它的真假。通常的自然表情，并不会只有1、2秒钟那么短暂，有的可能持续4~5秒钟。不过，停顿的时间过长，表情就可能是假的。特别是如果超过10秒钟，除非感情极其强烈，否则就不可能是真的。

另外，一个人脸色的变化也体现了他内心的变化。如人遇到害羞或尴尬等情形，就会脸红。而极度愤怒时，脸颊就会瞬间变得通红。人在痛苦、压力、恐惧、惊骇等状态下，脸色就会变得苍白。

眼睛变化。我们形容一个人眼睛有神时，常说他的眼睛会说话，因为眼睛是心灵的窗口，更是人们真实意图的反应器。

人们在吃惊或有防备时，会把眼睛睁得特别大，一般还会加上一些面部表情，例如，眉毛会抬起，且向上弯曲，而下腭下垂，双唇分开。

在表示怀疑时，会眯起双眼，皱起前额，并不住地盯着你打量。

一个人在愤怒时，会直接盯着另一个人，眼睛眯成一条缝，用以宣泄内心的感受，甚至达到吓唬对方或威胁对方的目的。

一个内心恐惧的人，眼睛会直愣愣地大睁着，好像要把那预示着迫近危险的最细微的动作都看个一清二楚。与吃惊的情绪不同的是，感到恐惧的人眉毛会抬起并锁在一起，呈水平形态。

唇部动作。当一个人在关键时刻，将嘴唇抿成"一"字形时，说明他已经做了某个决定，且不达目的绝不罢休。嘴唇撅起一般是撒娇的

第三章 巧妙运用人际交往中的心理透视法

表现，也有可能是一种防卫心理。

对美国和英国政坛人物的肢体语言颇有研究的心理学家彼得·科利特在解读小布什时说："当布什觉得紧张或有压力时，他就会咬嘴唇。"而2011年，布什得知"9·11"恐怖袭击事件后，确实下意识地咬了嘴唇。可见，人在承受压力时会咬嘴唇。当然，他在做这个动作时，也可能同时在想办法找应对方案。

手臂动作。我们的手臂也能传达出很多社交信息。如双臂交叉抱于胸前，这个动作确实很常见，如果一个人在陌生环境或聚会中，就会不由自主地做这个动作，它说明这个人缺乏安全感，有防备和否定的心理。因此他有意地为自己的身体筑起一道防线。

还有一种拒绝拥抱的姿势，就是把双手放在臀部，肘部从身体两侧突出。做这个动作的人在告诉你："你别和我待在一起"、"你离我远一点儿"。当然，这也是一个人独立、自信的表现。

脚部动作。可能很多人会怀疑，这里为什么没有告诉大家手势、站姿、坐姿等传达的意图，偏偏选择了脚这个平时很少人注意的部位。其实，在人体中，越是远离大脑中枢的部位，传递出的人类心理活动的可信度越高，因为当一个人在天花乱坠地讲话，并经营自己的表情时，他就不会照顾到脚的动作。这正是给我们捕捉他内心的绝好机会。

首先，一个人真正感兴趣的地方不是他双眼注视的地方，而是他脚尖指向的地方。如当一个美女走过几个男人身边时，他们可能表面上不为所动、目不斜视，但他们的脚尖如果随着美女的移动而转动，就说明他们的注意力已经完全被这个女人带走了。

其次，当一个人总是抖动脚步时，说明他比较紧张，想借这个重复动作让自己放松。

再次，当你看到你的朋友和你谈话时，双脚蹬地，恨不得马上蹦起来，那说明他可能遇到了好事，或者谈恋爱了，这就是反重力脚的内涵：蓄势待发的双脚代表着人们想摆脱重力的束缚冲上蓝天，以释放自

己的喜悦。

最后,一个人双脚交叉时,他的一只脚总是无意地藏在另一只的后面,说明他正在试图掩藏心中的秘密。例如,当你和同事说业务时,他总是做这样的动作,你最好能换个话题,否则继续深入很有可能引起对方的恐慌。

虽说人心隔肚皮,但人的每个微小动作都会不时地向你传达他的喜好与需求。我们在与人交往时,在与他交谈的过程中,一定要善于捕捉他的身体语言,这样才会使你更准确地把握他人的心理,从而随时调整话题,让交谈或交往愉快地进行下去。

当然,人的各种身体动作错综复杂,繁复多样。上面仅列举几种,也实在难以兼容并包,更多的细小问题还要靠大家平时多观察,多琢磨。这样,我们也会像FBI一样,瞬间就看透我们周围的人。

【关键提示】

> 我们的身体经常在试图脱离心灵的掌控,它们有着强烈的"说话"欲望,在不知不觉中,它们就会肆无忌惮地暴露一个人的心理意图。所以,我们要练就一双火眼金睛,解读他人身上"沉默的小秘密",从而在人际交往中洞察先机。当然,你在观察别人时,自己也是一道被观察的"风景",也要时时注意自己的小动作,别不经意间泄了自己的心事。

透过各种"微动作",看破他的狡猾谎言

每个人每天都在说谎,这点毋庸置疑。

英国一家报纸对人的撒谎行为进行了调查,他们调查了2000个人,结果发现:男人一天平均对他们的伴侣、老板和同事撒谎6次,而女人一般是3次;男人可能会在喝酒问题上撒谎,女人则在购物问题上不说实话。

很多人一听到说谎,第一反应一定是这很不道德,这很让人愤怒。其实,人类的大多数谎言都是为了摆脱麻烦、避免惩罚、得到好处,或者希望在别人眼中看起来更完美等。因此,这些谎言中一定有一些是无关痛痒,甚至是善意的,这些我们没有必要过多在意。即使识破,一笑了之就可以了。但是,还有一些谎言是某些人为了得到某些利益而精心编造的,这种带有目的性的谎言很有可能会对我们造成伤害。因此,我们要善于应对,这里就要学一些识破谎言的技巧。

那么怎么识破这些精心编造的谎言呢?我们的秘密武器就是观察他的"微动作",从而让他无所遁形。

有些人说谎的时候,不敢直视你的眼睛,或者往右上方看,或者东张西望。他们的表情也非常紧张,而且会脸红,一般这样的人,平时都很少说谎,即使他们说谎,也是善意的成分居多。但大部分老练的说谎者,都会目光坚定地看着你,这时,我们要结合其他方面的线索,来看透他的谎言。

首先是看他的眉毛。一个人的眉毛可以传递更多信息。对于有些人来说，撒谎会让自己感到不舒适，这种不适也会反应到眉宇之间。1998年，美国总统克林顿被问到性丑闻案件时，每次说谎之前他的眉头总是要不经意地微微一皱。

其次，看鼻子。人们常说"鼻子直通大脑。"确实，鼻子也是一种传达知性信号的工具。人们在说谎时，鼻子的神经末梢会被刺痛，很多人摩擦鼻子就是为了舒解这种感觉。当然，另一种比较可信的说法是：当不好的想法进入大脑之后，人们就会下意识地指示手遮住嘴，但到了最后关头，又怕表现得太明显，因此会很快在鼻子上摸一下。和遮嘴一样，摸鼻姿势在说话人使用时表示欺骗，对听者来说就是表示对说话者的怀疑。相比捂住嘴的姿势，用抹鼻子来掩饰谎言的人更世故。这种姿势可能是轻轻地来回摩擦着鼻子，也可能是很快、几乎不易察觉地一触。

也有人会用搔脖子的动作掩饰说谎行为，他们一般有两个相似之处，就是都用惯用的那只手的食指，被搔的部位是耳垂下边的颈部。有人还对此做了细致的观察，他们发现一个非常有趣的现象，说谎者搔脖子通常都是5次，很少低于5下或超过5下的。

同时，很多人也发现，人在说谎时，面部或颈部会有刺痛感，所以说谎者必须用揉或搔抓来缓解这种感觉。另外说谎的人如果感到对方怀疑他时，会感到愤怒或沮丧，脖子就会冒汗，这时他们会下意识地拉一拉衣领，好让脖子透透凉空气。如果你看到对方使用这种姿势，只要向他提出"请再说一遍，好吗？"或"请你再说明白一点，好吗？"之类的问题就可以使他泄底。

为了掩饰内心的慌张与虚弱，大多数人说谎时声调会不自觉地上扬，同时还可能伴随着音量变大、语速变快的行为。而且他们在描述一件事情时，往往会省略说"我"或者自己的姓名，因为说谎这个行为会让他感到不自在，于是本能地把自己剔除出去。

很多人还会通过夸张的手势来掩盖事实真相，他们或者伸长胳膊，或者使用具有节奏性的手势来强调一点。这里我们也可以从克林顿的举动中得到证明。在面对性丑闻时，他曾一面充满节奏感地上下飞舞着双手，一面一字一顿地说："我没有与莱温斯基小姐发生过性关系！"可见，说谎不仅是个脑力活儿，而且还要浪费体力甚至有动作过猛导致肌肉受伤的危险。

另外，舔嘴唇也是人们说谎时的一种安慰行为，因为这个动作能让超级紧张的说谎人镇定。有时，耸肩也是个值得参考的动作，美国心理学家艾克曼博士曾经讲过这样一件事："在给护理系学生观看恶心的医疗影片，并观察他们是否企图隐瞒情绪反应时，我看到了非语言破绽。当访谈者问他们还想再看吗？几乎每个护理学生都在口里说是，但都伴随着微微耸肩，这一耸，就把她们出卖了。"因为艾克曼博士知道，当人们耸肩的时候，意味着他们没有说实话，不坦率，或者觉得无所谓。

总而言之，假的始终是假的，一个人在撒谎时，他的身体总会有各种各样不相称的细微反应，即使一个人的意志力量再强大，他的身体也会忠诚地在他说谎时表达出内心的真实活动。只要你足够细心，就会减少上当受骗的可能性。

【关键提示】

> 人心深奥难解，尽管有人常常表现出信心十足的模样，喜欢夸口炫耀，但内心仍有脆弱的一面，而且时常无意识地以各种肢体动作将这些秘密泄露无遗。人们为了隐藏自己的谎言，总会以触摸自己的身体作为掩饰。这也是人们说谎时，在压抑心理下进行的自我安慰行为。

不断向你提问的人往往想阻止你提问

俗话说：出门看天色，进门看脸色。和人交往时，我们要学会随时观察对方的微妙的反应，这样才能抓住对方的内心变化，适时地给出相应策略，让交往朝良性的方向发展。那么，假如遇到这样一种情况，你在和人聊天时，对方不回答你的问题，反而不断向你提问，这是什么心理呢？下面我们先看看一位作家的例子。

一次，某位学者兼作家在他的新书首发式上演讲的时候，听众中有人指责他以前的学术论文涉嫌抄袭。

"先生，我们知道您是一位思想深刻的学者，也是一位很有个性的作家，但是前段时间网络上疯传，您以前有篇论文有抄袭之嫌，不知道这件事情是不是真的？"

"这个问题嘛……怎么说呢，对了，你经常读书吧？"

"是的，我经常读。"

"那么，您看过的书中，有没有这样的作品，里面没有引用其他人的任何一句话？"

"这……我想应该没有。"

"你说得对，我也会引用。"

毕竟抄袭是不光彩的事情，且有违学术道德，这位学者自然也不愿意重提自己的丑事，所以谈话中他采用了提问的方式来拒绝这种尴尬，他并没有让对方与自己在有没有"抄袭"这个问题上纠缠不清，而是通过提问让对方不知不觉间跟着自己的思维走。之后他又巧妙地将问题

第三章 | 巧妙运用人际交往中的心理透视法

转换成了"难道其他书没有引用别人的东西吗？"，从而巧妙地转移了话题，这个听众原有的问题"你的论文抄袭是不是真的"就已经不知不觉地被忽视了，这位学者的目的也达到了。

就像这位学者一样，每个人都有自己不愿触及的问题，或者是自己的隐私，或者是令自己尴尬或痛苦的事儿，他们害怕别人问起这类问题，因此，很多人就会通过各种提问的手段来阻止你向他询问相关情况。其实，他这样问，就是在暗示你，"你问得太多了""我不想回答你的问题"。例如，他们会说：

"嗯，你说的话的确非常有道理，对了，昨天我跟你谈的那个方案你觉得怎么样……"

"你是假期去欧洲度假吗？哦，对了，我刚想起来，今天我上班时遇到一个老朋友……"

这样的对话在生活中非常常见，当人们遇到对自己不利的场面或者自己不再想讨论某一话题的时候，就会巧妙地转移主题。那么还有哪些情况人们会有意转换话题呢？一般说来，有这样几种：

谈话出现冷场；有人失言或出现意外的尴尬局面；产生不同意见，不便争论、不必争论或不想争论；原话题无积极意义、低级趣味，或可能伤及他人；交谈一方对正在谈论的话题不感兴趣，甚至有厌恶情绪；某个话题触及了昔日的伤痛，令人产生不良情绪；或者话题触及他人隐私、隐痛的时候。

我们与人交往、说话办事，关键在于分寸的拿捏，火候的掌握。如果谈话内容涉及到对方隐私，听到他频繁转移话题的话，你就要停止提问。好的交谈者不会没完没了追问别人，他知道什么时候应该听话，什么时候应该问话，这是把握社交分寸的一个基本常识。很多人就因为把握不住这个分寸，从而让人心生烦恼，避之唯恐不及。

梅琳，是一个三十几岁的女人，在家相夫教子，她觉得自己生活很幸福，对身边的朋友也多了几分热情。一次，她参加大学同学的十年聚会。分别十年再相聚，大家都无比激动，有聊不完的话题，有开不尽的玩笑。

在自助餐厅，梅琳和她隔壁宿舍的白雪坐在了一起，梅琳以前就听别人说过，白雪现在在外企工作，职位很高。再看她，妆容细致，气质高雅，相比大学时那青涩的小丫头，简直判若两人。两人聊着大学的美好生活，回忆里充满着青春气息。聊着聊着，便聊到了家庭的话题：

"我现在是孩子的妈了，人老珠黄了。不过女人都得走这一步不是？"梅琳大声地说着。

"嗯，是啊！"白雪淡淡地应着。

"看你现在条件这么好，老公一定也很出色吧？"梅琳好奇地问道。

"你老公怎么样？一定很有实力，才能让你做全职太太！"白雪没有回答她的问题。

"他呀！自己开了家公司，平时就是忙啊，也没时间理我们娘俩。你怎么样，都三十几岁了，怎么还不要孩子。我和你说女人过了三十五，就是大龄产妇，危险着呢！"

"是啊，你的宝宝很好带吧？"白雪问道。

"那是当然，小家伙已经上小学了，好带。哈哈，你再不生真要被我落下了！"梅琳大笑着说。

白雪眉头微皱，又勉强笑了笑。

"不是老同学，我就不说这句话了，回家让你老公好好努力。"梅琳又说道。

后来只听梅琳一人在说话，白雪偶尔回应一下，其他时间只是低头拨弄盘子里的饭菜。

聚会结束后，白雪没有和梅琳打招呼，就匆匆离开了。几个月后，梅琳才听说，原来白雪那时因和老公感情不和，刚刚离婚，心情非常低落。梅琳这时才知道是自己失言了，心里充满了懊恼。

梅琳就是因为没有看出白雪的心思，以及白雪不断用提问拒绝回答问题的态度，从而无意中伤了这位老同学的心。

第三章 巧妙运用人际交往中的心理透视法

其实，人是一种寻求安全感的动物，每个人在与他人接触时都会用各种方式来保证自己的安全，例如这种用提问来拒绝受伤，或者转移话题的行为，就是人们寻求自我保护的一种途径。如果我们见此情形，仍不知收敛，那么一定会让对方感到不适，从而寻找机会，与你保持距离。因此，在与人交往时，我们不仅要用心，还要用脑子，给对方创造一个舒服的环境，让彼此的关系不知不觉间"更上一层楼"。

【关键提示】

> 人们在社交生活中都有自己独特的行事方法和保护机制，当他们对你的话题不感兴趣或者不想回答你的问题时，通常会不断向你提问，转移你的注意力。这些表面现象其实都是一种假象，分析他们行为背后的原因后，你就能够采取适当的措施，重新掌握交谈中的主动权。

突然而至的"微表情"透露着心中的紧张不安

人有两种表情,一种呈现在脸上,一种则在言谈中体现。而语速就是一个人"言谈表情"最直接的表达。

曾有一位心理学家偶然间发现,当一个男人在外面做了对不起自己妻子的事情后,他可能会买一些鲜花、首饰、衣服等来讨好妻子。在妻子表现出有所觉察的样子时,他就会比平常说话更流利,语速更快。

一对夫妻吃完晚餐后,闲坐在沙发上,一边品茶,一边翻阅着两人从恋爱到结婚拍下的照片。突然,一张陌生女人的照片进入妻子的眼帘,凭着女人的直觉,她觉得很有问题。于是她问丈夫:

"这是谁呀?"

"她是我朋友,以前的同学。"

"哦?我怎么没听你提起过?而且这张照片我以前也没在影集里见过。"

这时,丈夫突然间语速加快:"哎呀,你肯定是平时工作太忙了,以前就有,那次我收拾东西的时候发现的,顺手就放在里面了……"

妻子明显感觉到有问题,但是她并没有跟丈夫大吵,而是温柔地说:"亲爱的,我相信咱们的感情。既然是过去的同学,留一张照片又能怎么样呢?"

丈夫抬起头,看着妻子真诚的眼睛,终于卸下防备,缓缓地道出了实情:"其实,她是我以前的女朋友,我们曾经同窗五年,感情很好,可毕业分开后,就再也没有彼此的音讯。前几天我在外地出差,竟然碰

第三章 巧妙运用人际交往中的心理透视法

到她了,于是去她家坐了坐,这张照片就是上次从她家带回来的。如果你不高兴,就把照片取下来吧……"

就如同这位丈夫一样,在我们遇到不想谈的话题,或者被发现了某些不想被人知道的事实时,我们的潜意识里会有"赶快说完"的想法,因为我们希望倾听者能立即结束这一话题,以便结束我们内心的尴尬与不安。

当然,并不是所有的语速加快都是说谎的表现。如果一个人平时语速就很快,那么他的话就不是在故意掩饰。相反,如果平时说话慢条斯理的人,突然提高语速、拉高声调,这很有可能就是因为他的某些事情被戳穿了,想通过语速变化来掩盖内心的不安。我们可以根据这一点,在与人交往时,像上面这位妻子这样进行完美的引导,从而在疏导他内心不安的同时,获得你想要的结果和答案。但是,有时即便你读出了对方的谎言或不安,也不要逼问过度,而是应创造轻松宽容的话语环境,使对方自己承认事实的真相。

华敏是这样一个人,她在一家公司担任人力资源部经理,面试过的人如过江之鲫,因此练就了一双"火眼金睛",阅人非常有经验,如果应聘者稍有掩饰或者撒了个小谎,华敏都可以轻易看出来。一天,她在面试时,发现一位应聘者在大三下学期曾经有过在大公司实习的经历。在华敏看来,应聘者的这段经历应该是杜撰出来的,于是华敏试探性地问他:"我在你的简历中看到,你大三下学期曾在某某公司实习过,能说说是怎么获得这次机会的吗?"

"好的。"应聘者说,"其实也很简单,我没怎么费力气就得到这次机会了。"但是谈到具体细节时,他突然语速加快,很多重要细节一笔带过,比如专业背景并不相符的他是如何被对方选中的?在三个月的实习期主要负责项目哪方面的工作等。而且他的眼神虽然表面坚定,但是却稍有犹疑。

华敏知道应聘者是在掩饰什么,但她并没有直截了当地指出,而是开始转移话题,让对方谈谈自己未来的职业规划,以便他能放松下来。一般来说,人们的紧张和不安在宽容的气氛中都会被轻松化解。

果然如华敏猜测的那样,在她又问了几个问题之后,应聘者坦白地说出,他确实没有去那个公司实习,只是觉得自己的简历太过单薄,因此把同学的实习经历写到了自己身上。

当我们的谈话对象语言突然加快时,我们不能因为看透了他的紧张和隐瞒,就对他穷追猛打,那样只会适得其反,让他对你的不宽容产生反感。这时,我们要向前文中的妻子和"火眼金睛"的华敏学习,适时放缓态度,让对方放下防备,然后通过慢慢诱导,让对方说出真相。话说开了,彼此也就没有任何心结,交往也就能顺利进行了。

语速是一个人说话的基本特色。我们平时要多注意这一细微的变化,这样就能看透他人的微妙心理,从而帮助我们在日常交流中及时识破谎言,做出更加理性的判断,避免给彼此的关系蒙上阴影。

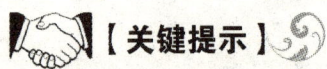【关键提示】

> 读懂"微表情"并不是让你步步紧逼,非要迫使对方承认自己的谎言,而是希望通过对他人心思的洞察,淡化彼此的隔阂,跨过交往的雷区,而在更轻松和谐的氛围中增进彼此的关系。

第三章 | 巧妙运用人际交往中的心理透视法

有不满和失意情绪的人喜欢自我夸大

生活中，我们经常会遇到这样一些人，他们喜欢通过抨击上司的无能来抬高自己，喜欢靠炫耀过去的辉煌来证明自己。如果你认为这些人真的了不起，那就错了。其实他们说这些话时，只是在表达他们对现实的不满，以及对自己失意现状的掩盖。而这些夸耀，只是他们寻找的一些借口。

确实，我们每个人遇到不顺心的事儿时，总喜欢找些理由来自己安慰，以求得内在的平衡。例如下面这位大龄女孩李然。

李然是名牌大学毕业生，身材和相貌都不错，只是性格稍微强势了一些。在工作中，她总是当仁不让，是人见人怕的女强人。正因为这样的性格，使得男人们都对他敬而远之。大家都觉得，与李然做工作上的搭档完全可以，但如果要做生活中的伴侣，总感觉少了些什么。

李然却不在乎这些，她的社交圈子很广，总是有一帮闺蜜陪在自己身边。但是，随着时间渐渐流逝，本来的死党们都有了自己的男朋友，一个个都嫁做了他人妇。眼看着自己迈入大龄剩女的行列，李然的心理也或多或少地发生了变化。

一次，大学时的好友美佳出差到这个城市，请李然和另一个好朋友亚宁吃饭。几年不见，大家的话题自然很多。但是，聊着聊着，美佳和亚宁发现，李然现在跟过去不大一样了。她总是在有意无意地炫耀自己："哎，我跟你说啊，刚才给我打电话的那个帅哥是我上次去上海参加会议认识的，人挺不错的，我觉得他可能是对我有意思……"

过了一会儿，对方又打电话过来，说刚刚忘了，想跟她要一下上次会议的一份资料，因为当时只有她一人拷贝了这份资料，所以不得不麻烦她。美佳和亚宁随便搪塞了几句，就聊起了其他的话题。

聊了一会，李然突然说："有件事我一直没跟你们说过，大一军训的时候，咱班有两个男生有事没事总是跟我说话，听音乐会的时候还特意给我留了位子。现在想想，我也是蛮有异性缘的，怎么当时不懂得珍惜呢？"美佳和亚宁面面相觑，不知道该如何反应。

这顿饭吃到后来，都成了李然的一堂自我夸耀课，最终不欢而散。事后，美佳给李然打电话时，对她说："李然，这次我发现你现在变了很多。以前你是个热情开朗的女孩，但是现在你怎么总是爱标榜自己，夸大自己呢？你说的那些事其实都是很正常的，只是你把他们扩大化了。我知道，现在我们距离这么远，而且好友们几乎都结婚了，只有你还孤身一人。你是不是有些着急了？"

电话那头的李然沉默了，过了一会儿，她说道："也许吧！还是你比较了解我。说实话，我觉得自己其实条件挺好的，为什么那些长得没有我漂亮，工作没有我好的人都有了另一半？我对自己的现状就是不满意！但是，我又不想承认这一点……"

李然对自己的分析很到位，正是因为对恋爱婚姻问题的担忧，让她对自己的生活产生了失意和不满情绪。她有意无意地标榜自己，其实是想通过这些事情向大家证明"我也可以"，以此获得心理平衡。

聪明的美佳当然看得十分透彻，她真诚地安慰李然："你有很多优点，只是你没有发现。很多男人不敢接近你是因为你的业务能力太强了，他们都自惭形秽，又怎么能征服你呢？听我的，男女相处之道就在于刚柔相济，如果非要改变的话，你这么聪明，应该知道怎么做吧……"

在美佳的劝说下，李然渐渐打开了心结，也从不满情绪的怪圈中走了出来。她虽然没有采纳美佳的意见，变成那种"人见人怜"的温柔型淑女，却也懂得了在工作和生活中展示自己成熟女人的另一面。周围

第三章 巧妙运用人际交往中的心理透视法

的人也再没有听到她自我夸大的种种说法了。半年之后，美佳接到电话，李然已经找到了情投意合的人，邀请美佳再出差的时候大家一起吃饭呢！

　　骄傲自满，夸大自己的人有很多，有些人是为了炫耀，有些人是为了掩饰内心的不满，李然则属于后一种。幸运的是，她终于认识到自己的问题并且做出了相应的改变。如果我们在生活中见到李然这样的人，千万不能妄下定论，觉得他们清高自傲或者目中无人。如果这样看他们，从而对他们避而远之，就会让你失去和他们交心的机会。我们要明白这些人很有可能是心中有很多不满情绪无处发泄。如果你能认识到这一点，你就能理解他，并用恰当的方法去安慰他，让他释怀。而这也是一份无形的"感情投资"。

【关键提示】

> 我们看到一个失意的人不断夸耀自我、拔高自己时，千万不要当面揭穿，或者反驳，要给他留面子和余地。毕竟他们发泄心中的不满也是应该的。只要不损害你的利益，最好还是试着在倾听中去包容他们。

轻易点头是在想如何拒绝你的要求

点头，在中国文化中，就是答应、接受的意思。然而，当你有求于你的交往对象时，他轻易点头，往往所表达的就不是有求必应了。

实际上，轻易点头表现出来的是一种无可奈何的心态。他明明心中很不耐烦，然而碍于面子或者某种特殊情况，不得已才作出点头的动作，实际上，这是一种拒绝的表现。

有一位名叫华莱士的少年，他在一家地产公司工作。公司有一块地皮要推销给当地的大商人皮特。这是华莱士的第一个工作任务，他满怀信心地去拜访了皮特。

刚一进门，华莱士看见皮特正坐在他的摇椅里，悠闲地抽着雪茄。

"您好啊，皮特先生。"

"你好，小伙子，你有事儿吗？"皮特悠闲地问着。

"我们公司一块地皮，您知道那位置，可以建一座很棒的别墅。现在我们想出售，不知您是否有意？"华莱士问道。

"哦，好啊！"皮特点点头，漫不经心地看了华莱士一眼，继续摆弄他的雪茄。

"这块地环境非常好，靠着山，还有小溪流过，空气好极了，您不想去看看吗？"华莱士看皮特没什么反应，稍稍加快了语速。

"好，好。"皮特依然享受着雪茄，眼睛盯着他的那个金丝雀鸟笼。

"您真应该去看看，皮特先生。"华莱士再次强调。

"当然，会去。过几天就去。"皮特应和到。

第三章 巧妙运用人际交往中的心理透视法

"好的，先生，到时您可一定要联系我。"华莱士见皮特答应去看这块地，于是高兴地说道。

"好，好，一定。"皮特点了点头。

于是，华莱士便离开了皮特的家。过了很久，皮特再也没联系华莱士。最后华莱士才知道，皮特早已选好了一块建别墅的地，这块地正属于他们的竞争对手，另一家地产公司。皮特之所以会约见华莱士的公司，其实就是为了逼迫对方在价钱上让步。而对华莱士，皮特当时只不过是敷衍罢了。

我们应该看清这种敷衍，才能避免华莱士最终的失意结局。要知道，当我们向别人提一个要求时，对方没听完就频频点头答应，最后却没有采取实际行动，这就是一种应付式的答应，其真实含义为含糊式拒绝。而这通常发生在陌生人中间，就像华莱士和皮特。

从心理学的角度讲，当一个人对你的性格、目的所知不多时，对你的请求就会显示出"闻一知十"的态度，一旦开始就不感兴趣，他们就不会让你继续说下去。通常情况下，总是我们话还未说完，对方就连续地说："好的，好的……"或者心不在焉地说："行，就这样吧！"其实这些都属于敷衍的回答。因此，当你听到这种轻易的回答时，一定不要被这种假象所迷惑。

生活中还有很多这样的人，他们不好意思拒绝别人，往往会先好好地"稳"住你，再考虑如何拒绝你。比如你邀请朋友周末一起去郊游，他可能会不假思索地回答："好啊！到时候联系吧！"周末临近的时候，他们往往给你打来电话："我这边有个意外情况，得去参加一个会议，有空咱们再出去玩吧！"其实他本来就没打算安排这次郊游，只不过不想让你失望而已。一些电话销售人员经常会遇到这种情况，还没把产品介绍清楚，对方就直接说："哪天我亲自去看看。"然后就把电话挂掉。当对某个话题完全不感兴趣的时候，人们迅速地表态，其实只是搪塞而已，他们想赶快结束这次谈话。如果你还不想结束的话，那就要想办法

再度引起他的注意力了。

一位时尚靓丽的女孩在商场的首饰柜台前停了下来。

导购小姐马上热情地迎上来:"您好,想买点什么?"

"哦,随便看看",这种回答显然缺乏足够的热情,但她仍然在盯着闪闪发光的首饰看。这时,导购又说:"我觉得您的气质比较适合这款手链",接着,她把手链拿了出来。这位小姐说:"嗯,还行。"她把玩了一下,并没有真正戴在手上。

导购每天见惯形形色色的顾客,顾客的心思被她看得一清二楚,其实这位女孩根本就对自己推荐的手链不感兴趣,而且她也只不过是随便在柜台前看看,并不是真的打算买东西。如果想要她成为自己的顾客,自己必须要略施小技才行了。

过了一会儿,导购找到了切入点:"您这件衣服很漂亮呀!是某某牌子的吧?"

"呵呵,确实是这个牌子的,你眼力还不错。"美丽的女孩把视线从首饰上移开。

"这个牌子现在咱们这没有专柜吧?您在哪儿买的呢?"导购不失时机地问道。

"那当然了,北京现在还没有专柜,我朋友给我从国外带过来的!"这位女孩显然来了兴致,侃侃而谈起来。

"我说呢,这件衣服跟您的气质真的很配!"

"谢谢!"

"对了,我觉得,如果再配上一条合适的项链,那效果会更好,我们店里刚好有一款限量版的项链,目前只剩一条了……"

"我就喜欢与众不同的东西,能给我看看吗?"

导购适时地拿来一条项链给这位女孩看,项链的款式和做工都很不错,而且确实也和女孩的气质十分搭配。女孩开心地付了钱,并且对导购说:"你的眼光还真不错,其实我今天本来没打算买项链的。你和其他导购不一样,以后会经常来你家店逛逛的。"

第三章 巧妙运用人际交往中的心理透视法

导购微笑着说:"当然欢迎了,对了,给您办一张我们的会员卡吧,以后再买东西的话就可以打九折了……"

可见,如果客户在没有听你介绍完产品就轻易点头,她们多半不会购买商品。而对于真正感兴趣的东西,她们才会不断地提问。当导购发现顾客在转移话题时,她采取了迂回战术,从夸奖顾客款式独特的衣服入手,最后做成了这笔生意。

很多人会用敷衍的方式拒绝我们的要求,我们要认清这种拒绝。但我们也不要甘于被拒绝,要适时展现自己的社交技巧,拉回对方的注意力,让他真正答应你的请求。这也是人际交往的高妙之道。

【关键提示】

> 在社交中,人们敷衍对方的手段有很多,轻易点头说是就是其中一种,但是,只要能够觉察出他们情绪的微妙变化,并适时地抓住他们的关注点,就同样能掌控住继续交往的主动权。

自我表现欲强的人喜欢说"我"

"我跟你说,这个产品我特别了解,我曾经做过市场调查……"

"我们学院这个周末有这个问题的讲座,你想来的话联系我就行了。"

"我小时候就特别喜欢弹吉他,现在我喜欢街舞了……"

生活中常常见到这样的人,他们总是喜欢说"我",很少听到他们问你的意见或者你怎么样。这样的人往往自我表现欲强,喜欢时刻成为人们关注的焦点。

美国纽约电话公司曾经做过一个调查,调查发现人们说得最多的一个字就是"我"。在接受调查的500个电话中,"我"字共出现了3900次,远远超过其他字的使用量。"我"字能够如此常用正是因为"我"字可以充分表现自己、吸引他人注意。

当我们在社交场合中遇到那些满口都是"我"的人,就要学会看穿他的心思,或者避其锋芒,或者因势利导,满足他的心理需求。某著名服装品牌的负责人常说:"有些商场的经理,总认为自己对商场的成功具有举足轻重的作用。当谈到如何合作时,总在说'我怎么认为'、'我的意思是怎么样'。为了把商品打入他的商场,我不得不让他满足这种表现欲,否则生意就要泡汤,通过谈话了解一个人的性格太重要了。"

有一位著名作家,他的名气很大,也很繁忙,找他约稿的人络绎不绝。这位作家常常应付不来,他经常说的话就是:"我真的太忙了!"

第三章 巧妙运用人际交往中的心理透视法

"我确实没时间。"但是,一位聪明的约稿人却别出心裁,让这位名作家无法拒绝自己。

每当他打电话给作家的时候,都会无比诚恳地说:"某某先生,我知道你确实很忙,甚至有时连吃饭、睡觉的时间都没有。然而正因为您忙,我才无论如何请您一定为我们写一部稿子。因为那些过于清闲的作家写出的作品,真的不如您写得好!"就是这样巧妙的一句话,让他总能约到作家的稿子。

即使对于普通人来说,只要你把他放在比别人"出色"或者"优先"的位置上时,都会产生良好的效果,更别说那些善于自我表现的人了。另外,对自我表现欲强,凡事都想自己做主的人来说,欲擒故纵也是收服他们的好方法。

有一次,美国著名工程师莱芬惠想换装一个新式的产量指数表,但单位中有个十分自以为是的工头一向都不太愿意接受别人的意见,什么都喜欢自作主张,以自我为中心。如果别人对他提出意见和建议,他必定会大加反驳。这次要换装一个新式产量指数表,看来他是肯定要反对的。怎么办呢?莱芬惠想了很长时间,终于想出了一个办法。

一天下午,莱芬惠去找这个工头,腋下夹着一个新式的指数表,手里拿着一些要征求他意见的文件。当他们讨论文件的有关问题时,莱芬惠把那个指数表从左腋换到右腋,又从右腋换到左腋,移换了好几次,那工头终于开口了,"你拿的是什么?"他问莱芬惠。"哦,这个吗?这不过是一个新的指数表。"莱芬惠不经心答道。"让我看一看。"他说。"哦,你不会喜欢的。"莱芬惠假装要走的样子,并这样说:"这是给别的部门用的,你们部门用不着这种东西。""但我很想看一看。"他又说。于是莱芬惠故意装出一副勉强答应的样子,将那指数表递给他。当工头仔细审视这个指数表时,莱芬惠就看似随便又非常详尽地把这东西的效用讲给他听。工头终于叫喊起来说:"我们部门用不着这东西吗?哎呀!这正是我早就想要的东西!"

人人都有表现欲，只是强弱不同而已，懂得交际心理学的人都明白，要与工头这样的人和谐相处，就要时刻掌握他们的心理，有时候越不给他们表现的机会，他们就会越感兴趣。等他们的注意力完全被你吸引过来的时候，你就可以轻松达到自己的目的了，正如莱芬惠做的那样。

　　每个人都知道，这个世界最重要的人是自己。因此，我们在社交中想要赢得他人的好感，一定要记住"你"比"我"重要。如若遇到那种频繁强调"我"的人，我们就应该积极配合，充分满足他们的这种心理需求。当他们的表现欲和价值感被满足之后，就会变得容易交往和合作了。

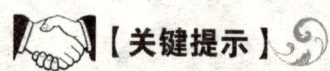
【关键提示】

> 　　当一个人说话时，总说"我怎样"、"我认为"，或者"我应该"，那么他就是对自我的关注程度很高，有强烈的表现欲。对这类人，我们不可与其强势对决，而应放低姿态，满足他的表现欲，这样才能赢得他的心。

第三章 巧妙运用人际交往中的心理透视法

权威主义者喜欢用"名言"来强调自己

很多人喜欢引用名言,用来强调自己话语的正确性与不容争辩性。这种人崇拜权威,是不折不扣的权威主义者,他们会借用专家或者权威人士的话来给自己撑腰,巧妙地运用"名言"来佐证自己,以增强自己的说服力,让自己更加理直气壮。

小宁是一家公司的部门主管,他带着手下的五个人负责公司的客户经营工作。平时,小宁特别注重维护自己的形象和地位,和下属说话时,总是一板一眼,还经常喜欢用名言或领导的话来强调自己。

一次,部门内部组织年终投票选举优秀员工的活动。六个人在会议室里开起了圆桌会议。小宁坐在面向会议室大门的位置,开始投票前的陈词:"大家都辛苦了一年了,我代表公司感谢大家的努力。今天虽然优秀员工只能选出两名,但我们是一个团队,就应该友好团结。雷锋就曾说过:'一滴水只有放进大海里才永远不会干涸,一个人只有当他把自己和集体事业融合在一起的时候才能最有力量。'这次不论谁评上了优秀员工,大家的功劳都不可磨灭。爱因斯坦不是说过吗:'一个人的价值,应该看他贡献什么,而不应当看他取得什么。'大家不要看别人获得就嫉妒,要看自己的付出,只有付出了,才能有所收获,是吧!我们今天将要评上的这两位同事,就是付出的榜样,我们领导就说:'公司会尊重大家的每一分创造,只要你有创造,就有收获。'所以,大家开始投票吧。记住:要对自己负责,要慎重。"

"领导,这最后一句话是谁说的啊?"平时最爱逗嘴的、业绩一般

的小王在一个角落里笑嘻嘻地问道。

小宁狠狠瞪了小王一眼,没有搭理他。

小宁就是典型的权威主义者,当他们在听到或看过某位名人讲了一个观点或者一句话,就会在以后的生活中引用这个观点。在表达自己的观点时,他们会再加上一句权威或者大师的话,以证明自己的正确性:"激励大师安东尼曾经说过……""要成功就要走别人没走过的路,这是某某位成功学大师所讲的……"其实,权威主义者所相信的并不是"名言"本身,而是"名言"所代表的权威,并且需要借助这种权威来证明自己是正确的。另外,他们所说的每一句话都代表自己的观点和想法,经常引用"他人的话"的人大多是不太信任自己的人,喜欢用名人的气势来给自己壮胆。这一点与那些经常把说"我"挂在嘴边的人正好相反。那么,在生活中我们该如何与他们相处呢?

与这种人打交道时,最好的办法就是"以其人之道,还治其人之身。"假设他们喜欢引用名言,你可以同样用"权威"来与他周旋,让他认识到自己的"迷信"观点是错误的,这样才能够让他们心服口服。

汉武帝与东方朔君臣二人就流传下来很多佳话,我们来看一则关于他们的小故事。据说,汉武帝读过《相书》之后,非常相信《相书》上的话,甚至把它奉为金科玉律。一天,汉武帝问大臣们:"我看《相书》上记载说,一个人的人中决定他的寿命,如果一个人的人中有一寸长,那么他就能活到一百岁,你们觉得呢?"

东方朔在一旁笑着说:"陛下,按照您的说法,那我猜测彭祖的脸一定很长,大约得有一丈长!""哦?何以见得?"汉武帝问。

东方朔接着说:"据说彭祖活到800岁才死,那么他的人中该有8寸长,他的鼻子该有多长呢?脸又有多长呢?陛下,您说,彭祖的脸是不是要有1丈多长呢?"这几句话把汉武帝逗得哈哈大笑,以后再也不问臣子们类似的问题了。

东方朔性格诙谐,言词敏捷,也善于察言观色,他懂得在合适的时

第三章 巧妙运用人际交往中的心理透视法

机用合适的方法说服汉武帝。既然汉武帝喜欢"权威",那么他也同样搬出"权威"人物,用归谬法让汉武帝自己意识到言辞的不妥。这里我们不妨设想一下,假如东方朔直接驳斥汉武帝的观点,恐怕会引得龙颜大怒,甚至使自己小命不保。现实生活中,我们当然不会因一两句话丢了性命,但说不好,就难免要得罪人,因此我们与那些崇拜权威的人相处时,如果他们话说得太过,我们也可以使用这招。当你举出的例子同样权威时,他们通常就无话可说了。

"名言"之所以能让他人信服,主要是因为"名言"一般都是名人所说,名人即代表权威。因此,很多人说话时都喜欢加上一句"某某曾经说过"以强调自己,让对方信服。我们在看透这类人心理的同时,要适时见招拆招,识破他的小小把戏。

【关键提示】

> 为了提高自己的说服力,我们平时引用一些"名言"或"格言"也无可厚非。但如果使用过频的话,就可能给他人缺乏独立见解的印象。同时,如果我们对一些简单的谈话内容,也随意堆砌很多深奥的字眼,让别人听得莫名其妙的话,也会暴露我们自己的无能和自卑,给别人肤浅的感觉,这些都是要不得的。

第四章
瞬间征服陌生人
——散发强大社交气场,让他不知不觉间臣服

想结交更多的朋友,我们就要不断面对陌生人。很多人会在见面一瞬间吸引陌生人,而另外一些人却只能成为他人眼中的一块"碳元素",无法在对方脑海中留下任何痕迹。为什么会产生这种差距呢?其实原因很简单,你没有在陌生人面前散发出自己的魅力与影响力,也就是你的气场不够强大。因此在他人眼中,你就只是"石头"一块。下面我们就教给大家快速影响陌生人的几项秘密。

第四章 | 瞬间征服陌生人

见面前先熟悉对方资料，瞬间赢得好感

如果说人顺利交往有秘诀的话，那就是了解对方的需要，并且具备从他的角度观察事情的才能。

生活中，我们经常会遭遇这样的情况：我们与陌生人初次见面时，尽管双方都想使交谈顺利进行下去，但有时却会出现无话可说的尴尬局面，这样的场面会让彼此很不舒服。有些敏感的人深有体会："我与人刚见面时并不害怕，表现也很自然，但就害怕呆的时间一长就没话好说或无话题可谈。因此常常觉得很尴尬，恨不得马上就走。"这种情况下我们如果不能赢得陌生人的好感，更不要说进一步交往了。

怎么样才能打破这一尴尬处境呢？大家都知道，一个良好的交谈是从对方感兴趣的话题开始的。所以，我们与他人见面时，最好事先准备一些他感兴趣的资料，或者了解一些他的经历中最让他自豪的事，然后在谈话过程中，巧妙而自然地聊起这些话题，这样对方自然就会有话可说。

一位成功的推销员曾经讲了一次有趣的销售经历："有一次，我去拜访一位非常挑剔的公司经理，据我的同事说，他和别人交谈一般都不超过十分钟，然后就会下逐客令。我当时没有贸然拜访，而是事先做了一些功课，调查了一下这位经理的资料，原来他非常喜欢收集一些古玩，尤其是宋代以前的。于是在我们正式谈话快结束时，我拿出了一个事先准备的汉代钱币。那位经理一看便非常感兴趣，于是我们又愉快地交流了很长时间，在我要离开时，他还亲自送我到办公室门口。"

这位推销员的成功，就在于他不打无准备之仗，事先针对个人做好功课，才会赢得他人好感。我们已经了解了人们的社交心理，每个人都希望被认同、被关注、被喜欢、被接受。一个聪明的人就该知道怎样去通过投其所好影响对方，并赢得好感。在与人交往，特别是初次见面前，我们要做的就是最大限度地收集对方资料，然后在与对方轻松的交谈中感染他、打动他。

乔·吉拉德赢得骄人的销售业绩，除了时时向客户表达"我喜欢你"这一诀窍外，他还做了另外一项工作。他这样描述道："如果你想要把东西卖给某人，你就应该尽自己的力量去收集他与你生意有关的情报……不论你推销的是什么东西。"

他认为，推销人员应该像一台机器，具有录音机和电脑的功能，在和顾客交往过程中，将顾客所说的有用情况都记录下来，从中把握一些有用的材料。吉拉德说："在建立自己的卡片档案时，你要记下有关顾客和潜在顾客的所有资料——他们的孩子、嗜好、学历、职务、成就、旅行过的地方、年龄、文化背景及其他任何与他们有关的事情，这些都是有用的推销情报。所有这些资料都可以帮助你接近顾客，使你能够有效地跟顾客讨论问题，谈论他们感兴趣的话题。有了这些材料，你就会知道他们喜欢什么，不喜欢什么，你可以让他们高谈阔论，兴高采烈，手舞足蹈……只要你有办法使顾客心情舒畅，他们就不会让你大失所望。"

正如吉拉德所说，如果能够了解对方的祖籍、家乡、母校，甚至兴趣爱好等，就会为我们的交际打开另一扇门。不过有一点要注意的是，我们所了解到的基本资料并不一定都是绝对准确的。有些人习惯把自己的身高说得高一些，有些人习惯把自己的年龄说得小一点，因此在与人交流时，不可盲目而绝对地说，要根据对方的反应，随时变换你的话题。另外，对方的资料中可能有一些不愿被别人提起的信息，我们也要事先做好调查，否则一旦触及，极易引起对方反感。

要知道，了解是所有关系的第一步。在与对方见面前，了解对方的背景，我们与他交往时才能有的放矢，所谓看人下菜碟儿，你给人提供了正确的"菜"，才能引起他和你继续"吃饭"的兴趣。明白这一点，陌生人也能渐渐变成和你"同吃同喝"的朋友。

【关键提示】

> 在与对方见面前，先熟悉他的资料可以帮我们对他有一个整体了解，甚至还可以为我们提供重要的信息，有了这些信息之后，我们就可以有针对性地与其交谈，采取适当的措施拉近我们之间的距离。同时，事先对他人了解也表明我们足够重视对方，这样更容易引起对方的好感，让交流水到渠成。

利用首因效应,让他对你一见难忘

"一见如故"是我们与他人交往最理想的境界。如果一个人的人缘好到可以瞬间便让陌生人靠近他,那他的朋友就会遍布天下,做事自然左右逢源。

如何能让人对你一见如故?这里我们就要学会运用"首因效应"的魔力。

首因效应,也就是我们常说的第一印象。大多数人都会依赖第一印象形成的信息来判断一个人,而且很难再被改变。可以毫不夸张地说,第一印象是决定人们能否长期交往的关键。第一印象的形成非常短暂,它只需几秒钟的时间。换句话说,这是一个几秒钟决定你们未来关系走向的时代。也许有人会问,不是说日久见人心吗?可是在现代这个生活节奏飞快的时代,哪有人愿意花大把时间和精力去了解、求证一个留下不好的第一印象的人呢?

吉米是国外一家外贸企业的海外业务代表,后被委派到中国寻找合作伙伴。经过同行介绍,他联系到了中国某大型企业的林总。吉米至今还记得他们第一次会面的情形,他被介绍到林总的办公室时,首先看到的是一个正靠在老板椅上打电话的中国男人,只见他穿着人造纤维的格子西服,一条鲜红的领带露在 V 形口毛衣的外面。他边讲话边晃着椅子,还不时大声地训斥对方。然后,便毫不客气地挂断了电话。

"哦,我的上帝啊!难道这就是公司的老总?"吉米当时就非常失望。后来,林总和吉米握了握手,吉米觉得那是一双"拒人于千里之

第四章 瞬间征服陌生人

外、死鱼般的手"。两人就业务问题谈了一阵之后,林总便邀请吉米一起吃晚餐,由林总公司的两位副总经理和吉米的同事、身材略胖的约翰作陪。席间,大家无意间谈到胖人的话题。只听林总肆无忌惮地说起了西方的饮食习惯决定了西方人的肥胖,还就此进行了批判。当时,只见约翰的脸很快变红了。吉米觉得很尴尬,连忙转移话题:"中国菜就是很讲究,很有品位。""那是当然,中国菜讲究色、香、味,营养搭配合理,西餐就不一样了,你们太爱吃肉,没有肉就活不了似的,所以才这么容易胖。"吉米无语。

后来,他们没有结成商业联盟。吉米每次回忆起这次可怕的经历时,都会说:"他给我的第一印象很恶劣,从一进门的几秒钟,我就发现他是一个缺乏修养的人。我们很难想象与这种人合作会有什么样的后果。

其实想想,如果我们身处吉米的环境,看见这样一位"不修边幅"的老总,也会生出厌恶之情。而且见这一面也就够了,见第二面都会觉得是个考验。总之,第一印象就是我们的第一张名片,他直接决定了我们在陌生人心中占据的位置。因此,我们一定要小心维护,不可大意。

大家要记住,人人都喜欢有气质、有教养的人,这也是你营造良好第一印象的关键。当然,一个人的教养形象包括很多,例如你的穿着、言行、举止、生活方式、知识水平、家庭出身、朋友圈等,都会清楚地为你定位你的社会位置、你的发展前途。因此,我们要想赢得良好的人脉,就要不断地进行自我修炼,从而为自己赢得一个美好的未来。

文瑞是一家公司的业务主管,人长得很英俊,举止文雅,再加上一身笔挺的西装,使他看起来非常迷人。公司有什么棘手的任务,他一出马,几乎都没问题。

其实他刚来公司时,完全是另外一个样子。当时他刚刚毕业,来公司做业务员。公司给每位新员工定制了一套西装,但需要500元的押金,穷学生出身的文瑞为了省下这笔钱,就没有去领。他依然休闲打扮，穿行在各个写字楼和高档宾馆里。几个月下来，没有任何业绩。

眼看着试用期结束，公司考核的日子马上到了。文瑞心急如焚，却没有任何办法。后来，他决定去请教在另一家公司做业务，工作两年就升到经理级别的一位师兄。文瑞和师兄约好在师兄的公司见面，师兄看了看文瑞的牛仔休闲打扮，一副吊儿郎当的样子，直接问道："你平时见客户就是这个打扮？"

文瑞纳闷于师兄的问题，答道："我又没钱买正装。这样不是挺好吗？关键得看我是否有诚意。"

师兄摇了摇头，说道："大家谈业务，都是实打实的利益往来，谁都想找一个靠谱的、成熟的合作伙伴。看你这样的打扮，人家对你的第一印象就不会好，心里首先就不踏实，怎么还会和你合作呢？"文瑞这才恍然大悟。第二天，他便换上了一套西服。后来当他彬彬有礼地与客户见面时，成功的几率就越来越高了。他的业务进展很快，一年后就升任了经理。文瑞最后的"开窍"挽救了他的事业。

既然第一印象这么重要，那么如何打造良好的第一印象呢？

都说"佛靠金装，人靠衣装。"在与陌生人见面前，我们首先要精心地对自己进行修饰。毕竟人都是视觉动物，我们对人做判断时，不仅仅在他开口之前，当他缓缓向你走来时，你就会通过他的长相和服饰进行好恶的判定了。

除了相貌之外，在人际交往中，一个人的言谈举止也会在第一次见面的时候给别人留下深刻印象，决定以后关系的亲疏。我们与他人说话，态度要诚恳，亲切；用语要谦逊、文雅，如称呼对方要多用"您"、"先生"、"小姐"等。声音也要大小适当，语调平和沉稳。

同时，一个受欢迎的人，他的行为举止会让人感到很舒服。例如他们在公交车上会主动为老、弱、病、残、孕让座，这看起来是一件小事，却反映了他们内在的修养。而文明的举止往往能给人留下深刻印象，使人乐于和你接近；而粗俗的举止会使人疏而远之，必将影响你社交活动的展开。

第四章 瞬间征服陌生人

初次印象是长期交往的基础,是取信于人的出发点。做个让人一见难忘的人并非易事,但也不是不能做到。只要我们做好自我包装工作,然后以一颗真诚的心与他人交往,双管齐下,相信无论多么强大的陌生人,都会被你打动。

【关键提示】

> 美国勃依斯公司总裁海罗德说:"大部分人没有时间去了解你,所以他们对你的第一印象是非常重要的。如果你给人的第一印象好,你才有可能开始第二步;如果你留下一个不良的第一印象,很多情况下,我们会相信第一印象基本上准确无误。对于寻求商机的人,一个糟糕的第一印象,会失去潜在的合作机会,这种案例数不胜数。你必须花费更多的时间才能够抹去糟糕的第一印象。"

用眼神打造自己的社交优势

你的眼神,就是你与人交往的秘密武器。

正如蔡琴在歌中所唱:"虽然不言不语,叫人难忘记,那是你的眼神,明亮又美丽……"虽然这目光可以不露痕迹,但它可以瞬间掌控人心。

日本学者斋木深在《心理学的趣味实验》一书中讲过一个用眼神控制他人的故事:

有一次,两个朋友乘车外出,其中一个很自信地说:"我不用说话,也不要有什么行动,就可以使坐在对面的这位女士让座给我。"说完,他便开始专心致志地凝视对面那位年轻女士的眼睛。开始,她回头看了一眼那位朋友,好像没在意,那位朋友还是一直盯着她的眼睛。不久之后,那位女士果然站了起来走向后面,把位子让给了他。

这就是一个人目光凝聚时意志和精神所产生的作用。

那么,在与他人交往时,我们该如何打造自己的目光优势呢?

首先,面对陌生人,你要用至少3秒钟的时间去锁定他的瞳孔。很多人在接触陌生人时,都会有眼睛不知该往哪里放的感觉,于是他们会选择在对方的脸上找一个落脚点,例如他眉间的一颗痣,脸颊的一小块伤疤等,如果你们没有开口交流时,他也许会愤怒地问你:"你在看什么?"或者直接跑回去照镜子了,这样你们根本没办法进一步交流。这

第四章 瞬间征服陌生人

时你要改变自己,你要练习直接对视对方的瞳孔。特别是对陌生人,你不要注意他们微小的眼跳、斜视,以及飞起的发丝等。你只要看向他眼睛的最深处,保持视线不动,那么几秒钟后,你就会获得掌控权。你要知道,这是在用眼神打破对方的正常心理节奏和平日的冷漠伪装,你会在他心里留下深刻的印象。这也是一种支配力。

这种方法在和陌生人打交道时很有用,他可以为你争取社交的主动权。除此以外,你的眼神还有更多的发挥空间。

如果你想感染他人,那么你就要用眼神表现出你内心的情感变化。说话时,我们的感情总是随着话语内容而起伏变化,有时深沉,有时哀伤,有时激昂高亢,有时又可能像涓涓细流缠绵不休。然而不管是什么样的感情,我们都应尽可能用眼神来配合,这样就可以将你的感情更准确地传达给对方。例如,说到兴奋时,我们可以把眼睛瞪大,发出光芒;说到哀伤处,让眼睛呆滞一会儿,这些情感就极易显露出来。对方如果对你的话题感兴趣,就会深受你的感染。

如果你想打造具有威慑力的眼神,让对方臣服于你的观点。那你就直视他的眼睛,但这时最主要的是你要有一种气势,千万别临时生出退却情绪和自卑感。然后,你的目光要坚定不移,充满力量地与他对视,直到他不堪忍受而先行避开。这时你就胜利了。

如果你表达对他人的赞许,那么你就要让自己的眼光变得柔和,同时配以真诚的微笑,就会让人有如沐春风的感觉。

如果你是一位男士,面对一位让自己怦然心动的女生时,你要用真诚、自信、清澈、无邪的眼神去注视她。这时你要注意不可两眼放光地盯着她看,这样会给人很"色"的感觉。要让目光变得凝重深沉,和对方对视时,不要眨眼,要敢于坚持。你要用眼神与她交流,用眼神告诉她"我能读懂你","我对你很感兴趣"。如果你想征服她,你最好保持面无表情,不要先微笑。除非她先对你笑,你就笑,她和你打招呼,你就去回应。同时要记住,你的目光一定要在对方的脸上,不可扫过她的胸部，甚至一瞥也不行。

这样多次接触后，她见你就会脸红、羞涩、不敢与你对视，而且还低头、似笑非笑时，你就可以大胆表白了，因为你在她心里已经与众不同了。如果多次运用，她对你还是略略偏头，视若无物的话，你就得继续努力了。

如果你是一位女士，想俘获你喜欢的男人，也要善用眼神的力量。徐志摩曾写下"最是那一低头的温柔，像一朵水莲花不胜凉风的娇羞。"很多中国男人都喜欢温柔害羞的女人，因此你在面对心上人时，与他眼光交汇的一刹那，可以不经意地低一下头，然后再荡漾出一个含情脉脉的笑。没有多少男人能抵挡你的这种诱惑，特别是中国男人，最爱"和羞走，倚门回首，却把青梅嗅"的温润女性，以及这欲言又止的挠心之感。面对你如此深情的眼神，他们一定会报以灼热的目光和全身心的倾慕。即使你已结婚很多年，爱人也一定会在你深情羞涩的目光中宛若回到热恋时。

如果你在进行一次当众的演讲，你也要学会用眼光来控制和照顾全场。首先，你要环视全场，迅速了解听众对你的话所持的态度、兴趣等，以便你就有关内容进行调整或即兴发挥，做到与听众的心理合拍。接着配合点视法，即重点观察某一局部听众，保证他们及时理解你所表达的意思。对那些面有疑云的听众，可以投以启发引导性的目光，使其渐趋安定。对那些欲言又止者投以赞许性的眼神，往往会使询问者壮起胆子，提出问题。而对交头接耳、窃窃私语者，你可以暂时停顿一下，投以制止性的目光，听话者就能触目知错，知趣地停止小动作。

总而言之，一个人的眼神是内心情绪的表达。你想通过眼神来控制一个人，让他跟着你的节奏走，就必须将你的内在情绪调动到最饱满的程度，将你的意志贯注其中，然后你的眼神就自然而然流露出了你的想法，或愤怒、或震慑、或深情、或怜悯、或缠绵……

第四章 瞬间征服陌生人

【关键提示】

　　我们与他人交往时,如果想建立起和善友好的关系,就必须多注视对方,一般这个时间比例应该占谈话时间总长的 60-70%。这种做法会让对方感觉到你对他的重视,从而对你产生好感。反之,如果和别人谈话时你表现得紧张和胆怯,注视对方的时间还不到三分之一,那么你就无法得到对方的信任,更别说再去掌控对方了。

"催眠"潜意识，迅速打开他的心扉

我们的大脑功能由意识和潜意识构成。而我们的潜意识一般不会听从意识，却会听从自己和别人的暗示。就是这样特立独行的潜意识，却完全控制着我们的身体功能、状况和感觉。

很多人都懂得"害人之心不可有，防人之心不可无"的道理，因此都会告诫别人"不要与陌生人说话"，其实虽然我们不断地告诫我们的意识，不要轻信陌生人，但我们的潜意识是不设防的，它依然会我行我素地接受别人传递的信息，从而做出反应。在与陌生人交往中，我们可以利用潜意识的这种特质，来打开他们封闭的心。

张楠负责公司建材产品的推广，一次他到一家IT公司去推销产品，刚走进正门口，就发现这家公司的大门旁边赫然贴着八个大字：谢绝推销，后果自负。张楠并没有被吓到，而是径直走入大厅，同时迅速熟悉了一下这家公司大厅和办公区域的装潢与摆设。然后，张楠直接找到经理室，将自己的名片礼貌地递到了经理手上。经理看过名片，知道张楠是推销人员，顿时非常气愤："你没看见我们大门上的字吗？我们谢绝推销，请出去吧。我很忙。"

"经理啊，我当然看到贵公司大门上的字。不过我不是来推销的，是来帮忙的。"张楠自信地笑着说。

经理当时一愣，被他的话弄得不知所措。

张楠趁热打铁："您公司里的员工最近一定缺乏激情和干劲，对吧？"

第四章 瞬间征服陌生人

"是啊,最近可能是夏天来临,太热了,所以大家情绪有些低沉。"经理答道。

"我看不是这个原因。"张楠没有直接说,故意卖了个关子。

经理见此,便把张楠请到会议室,并吩咐属下泡杯好茶,请张楠详细说说。

张楠知道经理已经没有了开始的敌意。于是继续说道:"贵公司最近刚刚装修完,对吧。看看你们的办公区域被装成了青色调,这种颜色会给人压抑和沉重的感觉,大家长时间在这种环境中工作,怎么会有干劲呢?现在才刚刚开始,以后会越来越差的。"

经理听罢,又看了看办公区域的环境,连连点头,并询问解决方案。

张楠说:"咱们应该把环境调成黄、橙等色调。现在看来如果给你们重新装修已经不太可能。但我们公司生产了很多室内装饰品,我们可以通过这些装饰品和局部灯光的选择,来改变贵公司的整体环境,这就是贵公司现在最好、最实惠的选择了。"

经理最后采纳了张楠的建议,一笔生意就这样谈成了。

在这个故事中,张楠是怎么让经理消除敌意的呢?其实很简单,他走进公司办公区域后及时捕捉到了"员工缺乏干劲"这一信息,然后通过"充满自信的微笑"和"我不是来推销的,是来帮忙的"等话进行心理暗示,从而影响了这位经理的潜意识,使他"当时一愣"。其实到这里,张楠的谈话就会非常顺利了,因为经理已经渐渐卸下了防备心。当张楠问起员工是否没有干劲时,经理便袒露了心扉。

我们在与人交往时,特别是陌生人,完全可以用这种方式来左右他人的心理和思维活动。这有点像是催眠,让他人不知不觉间就慢慢地走向你。下面就给大家介绍两种影响他人潜意识的小窍门吧:

首先,你可以用"同调"的语言技巧,也就是用对方语言中的特殊字眼来打动他。比如,有人和你说:"又是一年了,我想向各种不同的事情发起挑战。"那你在和他交谈时，就可以反复强调"挑战"这个字眼。如"我平时不吃辣，今天就舍命陪君子，'挑战'一下川菜。"或者"这种有'挑战'性的工作，真是让人激情澎湃啊！"等等。你反复强调的这些词会不知不觉间进入对方的潜意识，让他感觉到你对他的重视，从而对你生出好感。而每一次强调都是一次好感的累积，慢慢地，他就会对你产生更深的信任。

另外，人人都喜欢听别人说自己的好话，因此我们就可以用好话来"催眠"他，让对方卸下心防。比如，对一个很内向的人，你可以这么说："我觉得你有时不太愿意表达自己，但是我发现，其实你是个很有意思的人，也很有魅力，只是你还没有把真实的自己展现在大家面前。"这时，对方多半会腼腆地笑笑，并且说："你还挺了解我的，我也挺矛盾的，很想跟大家一起，但又不知道该怎么主动……"如此一来，你再聊聊怎么主动地融入大家的话题，他的心房就会彻底向你敞开，你们进一步交往的大门也就随之打开了。

事实证明，在放松的状态下，人们更容易接受暗示，并且迅速打开心扉。我们在社交中要牢记这一点，在不知不觉中巧妙地"催眠"他人，让他与我们的关系越来越近。当然，我们也可以借助"潜意识"的作用，让那些你不喜欢的人远离你。

【关键提示】

> 想打开陌生人的心扉时，我们可以用赞美或肯定的方式来影响他的潜意识。但是在某些场合，如果你遇到了让自己不愉快的人，也可以通过暗示直接攻破他的心理防线，让他不敢对你轻举妄动。

吸引他人时，要突出个性淡化共性

什么样的人才能让别人看第一眼就记住呢？

也许你会回答"最漂亮的人"。但如果是一群人在一起掩盖了她的美丽呢？其实，这里要给你的答案是：特别的人。

20世纪初，才女冰心出版了诗集《繁星》和小说集《超人》之后，很多异性都向她表达了爱慕之情，然而冰心都不为所动。

1923年8月，冰心正与一些中国学生乘坐杰克逊号邮船西去美国留学。冰心受人委托想找一位名叫吴卓的同学，但是机缘巧合，却认识了一位名叫吴文藻的人。两个人初次见面，相谈甚欢，天南海北地聊了很多。当他们聊到拜伦和雪莱的时候，冰心表示，她并没有看过他们的作品。吴文藻很惊讶，面对这位人人爱慕的文坛才女，他竟然毫不客气地说："你如果不趁在国外的时间，多看一些课外的书，那么这次到美国就算是白来了！"

一直以来，别人都是用甜言蜜语来恭维奉承她，冰心从来还没有听过这样逆耳的忠言，那颗骄傲的心被深深地刺痛了。但同时她也对这位年轻人另眼相看起来！虽然身边追求者众，冰心最后还是选择了这位心直口快、正直善良又才华横溢的年轻人作为一生的伴侣。

通过冰心选择心上人这件事儿，我们可以看出，当其他男人都对冰心甜言蜜语时，突然有一个不一样的声音响起，那么其他人都成了背景，成了陪衬，而突显个性的吴文藻就成了主角。因此，吸引陌生人的秘密，就是突出你的个性，将其深深地"扎"在对方的心里，同时淡

化你与其他人的共性。这种策略在心理学上叫做"莱斯托夫效应"。

前苏联心理学家莱斯托夫发现了一个非常有趣的现象,在一场人数众多的宴会上,主人按照惯例与来宾一一握手时,能马上记住他们名字的,往往是那些身形、相貌、年龄、地位等方面最为突出的人。而那些普普通通、没什么特色的人,主人几乎对他们没有印象。因此,我要学会突显自己的个性,不做"万绿丛中一点红"的绿叶,要努力把自己"装扮"成那一点"红",这样才能引起别人的注意,让他对你过目不忘。

青梁刚进这家外企工作时,在西装革履的人群里,24岁的他是一个异数。因此开始时,他还引发了一场不小的骚动。虽然他经验平平,但他特立独行的风格让人印象深刻,尤其是他那染成黄色、扎成马尾的头发,在这种具有创意性的公司里,依然显得与众不同,让人印象深刻。

当然,他的与众不同不仅仅表现在外表上,青梁对自己的工作也有着与众不同的理解。他在公司里做文案策划,在他们部门里,有很多策划文案的老手,他们有的甚至在这个领域小有名气。因此,部门里就形成了一种风气,大家会按资历进行地位的划分。而青梁有时却不被这些资历、地位等束缚,当对一个策划案有不同意见时,不管是哪位前辈策划的,他都会在讨论会上直接向主管提出自己的意见,有时甚至是全盘否定。这让很多人都对他产生了不满情绪,而青梁也只能沉默地等待机会。

就这样,在公司工作了一年后,总部要对这家分公司进行改组,这次派了一位年轻有为的外国主管来主持工作。当时真是人心惶惶,很多人都以为新官上任三把火,这位主管的第一把火一定是裁人。结果,这位年轻的主管在一次大会上给大家吃了定心丸,然后问大家对公司的发展有哪些好的建议。这时,大家都沉默了,因为所有人都知道言多必失的道理。就在会议沉闷、大家哈欠连连的时候,青梁勇敢地举起了手。

大家一看是这个黄头发的年轻小子，哄堂大笑，真难以想象这么个刺儿头能提出些什么中用的意见。

这时，只见青梁缓缓站起来，说起了自己来公司对文案策划现状的理解，以及自己的一些见解和主张。主管听后，并没有表示更多的赞许，只是让他坐下。但会后，主管对秘书说："帮我查一下这个梳马尾的小伙子。"

就这样，青梁被调到主管办公室，开始协助主管进行公司的改革和重组工作。这让其他人迷惑不已，也都羡慕不已。事后有人问他："当时在大庭广众之下，你不怕这位主管让你下不来台吗？"青梁的回答是："我第一眼看到这位新主管，就知道他是一位敢于听取不同意见、锐意进取的人，我只要让他记住我的勇敢就行了。"

青梁最终被主管赏识，就源于他坚持自己的个性，并敢于在适当的时机将自己的个性植入那个能欣赏自己的人的脑海中，从而使得这个性成了他结识贵人的桥梁，助他从平庸的人群中脱颖而出。

现代社会是个性张扬的社会，网络上各种"红人"层出不穷，正是利用了这种心理学效应才让自己脱颖而出。我们在社交中也要充分发挥自己的优势，只需突出自己最具个性的一点，让它在别人的记忆里闪闪发光，那么就不愁他下次不亲近你。

【关键提示】

> 如果你性格活泼，亲和力比较强，就应该在与人见面时充分发挥这一特色；如果擅长理性分析，在公司开展某些项目研究工作的时候，也可以向上司毛遂自荐；如果烧得一手好菜，可以请心仪的对象来家里做客，"顺便"展示一下你的厨艺……总之，我们要充分利用"莱斯托夫效应"，用"个性"征服对方。

用真情感染他,让彼此产生"心理共鸣"

有一条路,它漫长而充满迷雾,这就是走向人心的路。打动人心不易,打动陌生人的心更是难上加难。这时我们要运用的一个武器就是:动之以情。

人都是有感情的动物,一个人如果想快速地走进他人的心里,就要善于发挥自己的感染力,用富有感情的语言、动作和表情,引起他人的心理共鸣。下面,我们就为大家讲一个很老但很实用的故事,在这个故事中,你会看到一个人怎样打动了一群人的心。

大家都知道美国总统林肯,在他任职总统之前,曾是一位著名的律师。他善于辩护和演说,特别重要的是他善于抓住听众的心,懂得营造动人的情感氛围来打动他的听众。所以,他的律师生涯也充满传奇色彩。

一次,林肯接待了一位老妇人。这位老妇人的哭诉让林肯怒不可遏,当场便表示要全力给予帮助。原来,老妇人的丈夫在美国独立战争中牺牲,作为遗孀,她每个月就靠一点点烈士抚恤金维持生活。就在最近,她去领取抚恤金时,那位出纳员竟然要求她额外支付一笔手续费。这是赤裸裸的敲诈勒索,老妇人对此却无能为力,于是便请林肯帮忙来打这个官司。

但老妇人并不能出具对方勒索的证据,这虽然给林肯打赢官司增加了难度,但林肯依然毫不犹豫地应承下来。果然,开庭后,老人对法官申诉后,那位出纳员矢口否认,形势对老人十分不利。

第四章 瞬间征服陌生人

这时，只见林肯缓缓地站了起来，陪审团上百双的眼睛都盯着他，想看看他有没有办法扭转形势。林肯开始了他的陈词，他的方法很特别，没有直接切入正题，而是从独立战争讲起，讲美国人当时所受的苦难，讲那些爱国者如何为了大家的幸福揭竿而起，讲他们如何在冰天雪地、挨饿受冻中流尽最后一滴血。讲到这里时，他的情绪十分激动，言辞越来越犀利。他的矛头开始转向那位出纳员。

林肯说道："虽然现在事实已成陈迹。1776年的那些英雄们早已长眠地下。然而他们那老而可怜的遗孤却孤单地站在我们面前，要求代她寻求正义。确实，这位老人从前也曾经年轻貌美，也有幸福的家庭，不过她已失去了一切，变得穷苦无依，不得不向享受着烈士们争取来的自由的我们寻求帮助和保护。请问，我们能无动于衷吗？"

林肯的话如此地具有感染力，如此动人，听众们都被感染得眼圈泛红，甚至痛哭流涕，捶胸顿足。群情激奋，甚至那位出纳员也惭愧地低下了头。法官看到这种情况，最终做出决定：对任何勒索烈士抚恤金的行为都将进行严惩。最后，这位老人如愿以偿地得到了她应得的钱。

在故事中，林肯面对的虽然是一群陌生人，但是他懂得人心在什么程度上可以被引燃，于是他抓住陪审团也是坐享独立战争中的烈士用鲜血换来的和平这一要点，用赞美英雄们的付出，来引发大家的感恩心，从而激起他们对老妇人的同情，并影响陪审团的判断，最后认可了其家人需获得补偿的权利，赢得了这场官司。

在与人交往中，我们也应该像林肯这样，时时记住抓住对方的情感需求。特别是与陌生人的第一次交谈，我们应该知道，这只是结识而不是熟识，而达到熟识的目的就是我们交谈的重要目标。在这个过程中，我们应该用自己的情感来使对方对我们所陈述的内容产生共鸣，可以说，这也是拉近彼此距离的高招。

西芮是一家娱乐周刊的记者，这一天，主编给她分配了一个任务，去采访一个在当地特别有名的偶像派女歌星。这位明星虽然很有名，但脾气出奇得不好，喜欢耍大牌，动不动就给记者脸色看，甚至直接把他们赶出去，这让很多记者都对她有几分惧意。

采访这一天，西芮没有带摄像师，而是自己一个人来到了女明星所住的高级公寓。两人落座后，她并没有像其他记者那样单刀直入地问女明星对未来有什么打算，怎样看待感情，喜欢什么样的人等俗套的问题。而是从一个很小的话题切入，那就是女明星养的花——一个晶莹剔透的玻璃缸里的一株莲花。西芮从进门就注意到了这株莲花，它里面有淤泥，上面的水很清澈，莲开得正盛，非常喜人。它被摆在客厅最显眼的位置，可见主人对它的喜爱。

西芮开口说道："您的莲花真漂亮！"女明星没想到西芮以这个话题开头，先是微微一愣，然后又淡然一笑没有说话。"'出淤泥而不染，濯清涟而不妖'。莲花应该是世界上最干净的花了，喜欢莲花的人一定是高雅、脱俗的人。"

女明星点了点头，说："是啊，我也觉得莲花最干净。做一朵干净的花容易，做干净的人就太难了。在这个圈子里，有那么多肮脏的东西，我不想看，也不愿意去评论。而像我们这样特立独行的人，就会给人高傲的印象，随他们怎么说吧，我是不怕的。"

"人能活几十年呢？我觉得就应该这样，很多人整天追求名利，到老了，依然两手空空而去，留给自己的只有三尺土馒头，真没用。"西芮笑着说。

"没想到，你竟然能这么看得开。我也是在娱乐圈混得久了，看得多了，才看透了这一切。没想到你小小年纪竟然这么看得开，真不错！"女明星叹息着。

"啥时看开都不晚啊，我们还是应该做些有意义的事儿，让自己的生活充实才好。今天我来采访您，也不是想挖一些内幕，主要还是想把真实的您呈现给大家，我觉得这对您才公平。"女明星听到这里，对西芮热情起来，这次谈话也非常愉快。

人心都是肉长的，就像这位女明星，她也许孤傲，也许耍大牌，但她也有自己的心理需求，需要被别人理解，需要被别人关怀。而这位女记者就是从那株莲花判断出她"清高"的性格，从而在这方面下手与其产生"情感共鸣"，最后才真正打动了她。

用情感打动他人，绝对不是一种不择手段的处世谋略，因为首先你必须心中有真情。否则，矫情的人只会给人虚伪的感觉，让人起鸡皮疙瘩。只有真情，才能真正点燃他人的心，让彼此间的心路大大地缩短。

【关键提示】

> 人不是冷血的动物，每个人都有自己的感情，这些感情不仅仅需要别人了解、感受，也需要得到他人的共鸣。心底的共振，感情的共鸣很容易帮助我们建立起良好的人际关系，因为"情"字是世界上最温暖的字眼，最能够拉拢人心。

刻意制造下一次见面的机会

初识陌生人，怎样使这份"缘分"不因一次谈话的终止而结束呢？办法只有一个：我们要主动制造下一次见面的机会。

查理和瑞恩是在一个聚会上认识的。

查理是音乐系毕业的高材生，毕业后就在一家音乐学院教书。瑞恩则是一家出版社的主管。有一次，他们共同参加当地举办的文化沙龙。举办人将整个宴会设计得很有文化气息，宴会上轻音乐缓缓流淌，大家都轻声细语地聊着天，气氛非常好。

一曲结束后，举办人邀请查理为大家演奏一曲。于是，一首《蓝色多瑙河》轻轻地响起。瑞恩听得入迷了，他虽然没有受过专业训练，但也是个音乐迷。在曲子结束后，他便走到查理跟前，兴致勃勃地聊起来。从小约翰·施特劳斯聊到贝多芬，从古典音乐聊到现代爵士乐，大有相见恨晚之感。

两人聊到彼此的身份时，查理得知瑞恩经营一家出版社，正好他有些音乐专业方面的书要出版，正苦于没有相应的平台，所以非常想结识这个朋友。他想了想，便打定了主意。宴会快结束时，只听查理对瑞恩说："瑞恩，既然你对音乐这么感兴趣，我非常欢迎你到我们学院来，我们可以继续聊。今天我还有事，得先走了。"

只见瑞恩一副意犹未尽的样子，遗憾地看着查理，大声地说："我一定找时间登门拜访，遇到你，我真是太高兴了。"几天后，瑞恩便拜访了查理，两人渐渐熟悉起来。瑞恩也帮查理出了好几本书。

第四章 瞬间征服陌生人

查理的这一做法可谓高明，他虽然想结识瑞恩，却没有一次性地去笼络——毕竟这也很难做到——而是刻意制造下一次见面的机会，给彼此的关系更多成长的空间。实际上，他无意中运用了心理学上的"紫格尼克效应"。

大家不妨试一下：在一张白纸上画一个圆圈，然后在接口处有意留出一小段空白。回头再看这个圆，相信你的脑海中一定会闪现出将这段空白弧形填补上的意念。因为我们总有一种出于未完成感的心态，努力寻求终结途径以获得心理上的满足。这就是"紫格尼克效应"在起作用。也就是说，我们人类都有一种自然倾向去完成一件未完成的事，如去解答一个谜语，去读完一本书等等，这种心理来自先天的需求（饥、渴等），也有半需要（迫切的趋向）。

因此，这应用到人际交往上，就是我们不要一次性把话说完，不要一次性满足对方的心理需求，而是刻意留有余地，以制造更多联络感情的机会。下面我们就给大家提供一些制造下一次见面机会的小技巧：

在对方最感兴趣的地方，让你们的谈话戛然而止。当你和陌生人谈话时，发现了对方的兴趣点，这时你最好抓住这个话题和他展开讨论，并大胆地说出你最高明的看法，以吸引他的注意力。如果对方不断追问你，就表明他对你的观点很有兴趣，迫切地想知道下文，越是到这个时候，你越要狠下心来，将谈话终止。当然这种终止不是不说，而是要艺术地说。例如："今天有位老同学要过来，我答应了要见他，还有几分钟时间了，我们下次再好好聊。"这样，他一定会因惦记这次谈话，继续接受你的邀请。

不失时机地引起"争辩"。两个人交流并不是所有的话题都能让彼此的兴趣被点燃，如果对方失去交谈的兴趣，而你又不甘放弃，这时建议你就干脆破釜沉舟，引发争辩，好胜心会让他交谈的兴致被重新激发。为了引起争辩，我们可以故意挑选对方不感兴趣的话题。等对方开始和你争辩时，你要尽量让自己处于下风，装作快要被对方说服的样子。然后在对方想要彻底说服你时,你就立即找个借口起身告辞,并表示下次再谈这个问题。你可以说:"或许你说得很有道理,但也并不完全是这样,我们下次再好好谈谈这个话题。"这样,他的求胜心理没有得到满足,一定会再找机会夺取这场辩论的胜利。

用人和事物吸引对方。其实这个方法很简单,我们与陌生人交谈完之后,在起身告辞前,想方设法用一个对方感兴趣的人或物吊住对方的胃口。如:"对了,刚才和您谈的那个先生不久就要来这里,到时候我们一起坐坐吧。""那本书我过几天亲自给您送来"等。

虚心地请教。你也可以向对方请教他所擅长的领域里的问题。比如说:"先生,我看了您上次发表的论文,太精彩了,不知有时间时您能不能和我谈谈是怎么构思的?"谈对方擅长的、引以为傲的东西,再加上恰当的恭维,那么他肯定会有一肚子经验想倾诉。接下来,你需要做的就是耐心倾听,并在他说得意犹未尽时借故告辞,并诚恳地表示下一次想继续听完对方的高见。

其实,我们与陌生人交往,真正摘掉陌生的帽子都是从第二次见面开始的。因此,我们要利用好"紫格尼克效应",多运用上面的技巧,适时激起对方的"完成欲",不让友谊随着交谈的结束而终止。

【关键提示】

人际交往是一个循序渐进的过程,也是人们之间心理距离逐渐缩短的过程。因此,切记不要把好话一次说尽,好印象一次留完。适可而止并且学会主动创造下次见面的机会,有事没事多跟对方联系一下,经常出来坐坐,慢慢地,你们也就由生转熟了。

第四章 瞬间征服陌生人

交往中,做一块积极乐观的"磁石"

积极的人像太阳,照到哪里哪里亮;消极的人像月亮,初一十五不一样。

不难想象,我们每个人都喜欢与积极、乐观、上进的人在一起,用比较潮的话说:他们能随时给我们"打鸡血",让我们对生活充满信心。而消极的人就像一根针,随时在给我们这些本来很饱满的气球泄气;和他们在一起,我们根本看不到人生的出路。两相比较,大多数人都会选择和积极乐观的人交往,因为他们就像能发光的磁铁一样,吸引各种各样的人。

提到积极乐观的魔力,我们不得不提到一位颇有争议的人物,他就是美国前总统克林顿。一次,当这位前总统访问英国的伦敦时,他照例被许多达官贵人和他的拥趸们团团围住。当克林顿发表演讲时,伦敦的市政厅被成千上万的人挤满,大家不仅想聆听这位大人物的思考,还想看看"克林顿魔力"究竟是什么。

演讲接近尾声时,尽管听众已经将克林顿围了个水泄不通,但他仍然保持着友善的风度和善意的笑容。突然,他在人群中认出了古德爵士——一位新的劳工民意领袖。于是他高声喊道:"您好啊!菲利普。"这声招呼声音大得每个人都能听到,这让古德爵士非常高兴。

心理学家兼沟通专家菲力帕·戴维斯曾说过,"克林顿有一种罕见的积极魅力,他能瞬间用眼神传达他的信息,此时此刻,在这里,你就是我唯一要找的人。"

因此像克林顿这样经常在公众面前展示自己积极形象的人,自然就会让别人感到精神愉悦,并愿意成为他的追随者。所以,无论他有什么样的政治见解,他总能受人欢迎。

确实,积极乐观的人如同一块磁铁,他们随时都会吸引陌生人的眼光。正像心理学家赛伯·贝利所认为的那样,积极主动是一个人受欢迎的关键所在。"心理学家称之为情绪感染,"他说,"那些讨人喜欢的人很擅长表达情绪,特别是积极的情绪。"然而,这世上却有很多人都认为自己注定不走运。这里,我们告诫大家不要总是不停地抱怨,那些怨气不断的人,只会让人避之唯恐不及。相反,我们应该用幽默来回应苦恼,让彼此的友情加深。

程苑就是一个生活态度积极乐观的人,就因为她的这种性格,大家送了她一个外号"开心大姐"。周围的朋友谁有什么不顺心的事儿都会第一时间想起她。她的口头禅就是:"哥们儿,没啥大不了的,这些总会过去。"

一次,朋友小莫失恋了,便找程苑哭诉。程苑见她的两只眼睛已经哭肿了,便安慰她说:"哥们儿,不就是失恋了吗?没啥大不了的。世上男人多的是,咱不用在一棵树上吊死,还有好的在后面等你呢,你总得给人家一个机会吧。再说是他不爱你了,他失去了一个爱他的人,这是他的损失。而你心中还有爱,你并没有失去什么。哥们儿,信我的,这一切总会熬过去的!"

小莫听了这一番话,心中的结解开了不少。接下来的日子,她经常找程苑出去散心,一起聊天。半年后,小莫终于走出阴影,开始了新的恋情。

只要和程苑在一起,大家通常会欢声笑语,用程苑自己的话说,"大家在一起图个啥,人活着不就图个乐呵吗?"因此,她的朋友圈越来越大,有越来越多的人被她吸引到了身边。

程苑确实是一位"开心大姐",能与她为友,也算是我们的幸运。

但我们不能总是指望别人为我们带来正面的影响,我们也要学会用正面的、积极的心态去影响和吸引他人,这才是与人交往的王道。

怎样才能让自己变成一块积极乐观的"磁石"呢?最主要的是,你要产生正面的"接纳预期",即相信别人一定会喜欢我们,这样我们才会更自然地释放我们的正面能量去影响他人。记住,大家千万不要产生负面心理,即我们在交往前,就预期别人会拒绝我们,这样我们就会不自觉地表现出冷淡和防备,其结果往往是我们真的被拒绝了。而这时,悲观者可能就会自言自语:"我就知道他们不喜欢我",其实这只是我们给自己设定的结果。

当突破了这一心理防线后,我们接下来要做的就是修炼自己的心态,和人交往时尽量保持主动、积极、乐观的态度。要知道这些情绪是开放式的,他们会释放出强大的幸福快乐感,从而让对方与你相处时,心情愉悦,产生长期交往的冲动而不能自拔。

法国作家罗曼·罗兰曾说:"一个人如能让自己经常维持像孩子一般纯洁的心灵,用乐观的心情做事,用善良的心肠待人,光明坦白,他的人生一定比别人快乐得多。"的确,积极的心态不仅让我们的人生充满光明和温暖,也让我们在社交中魅力四射,把别人紧紧地吸引在自己周围,从而成为社交圈里的红人。

【关键提示】

> 受欢迎的人总是很积极乐观——或者至少看起来是这样的。他们平时不会表现得畏畏缩缩或焦虑不堪,他们也不会慌里慌张,而是从容不迫,稳稳当当。他们对人生总是进行正面的理解,对未来充满信心。他们才是社交场中的"宠儿"。

第五章
俘获人心令关系更进一步
——发挥自身魅力,建立彼此更积极的人际关系

在忙碌生活的空隙,我们一旦驻足反观自己的生活,这时会悲哀地发现:周围的人我们都认识,但他们只是最熟悉的陌生人。我们每天见面,每天点头微笑,每天聊聊天气,他们是我们生活中出现频率最高的人,是我们生活的圈子,可我们的心却离得很远,所以每个人都感叹交际圈狭窄,感叹自己的孤独。那么怎样摆脱这种困境呢?本章将会告诉你。

第五章 俘获人心令关系更进一步

换位思考,成为对方的"知心人"

愚笨的人与人交往,喜欢以"我"为出发点,什么都"我"想怎样。他们时时处处都在关注着怎样才能更好地表现自我,却很少关注他人的想法。而聪明人则更知道从"他人"的需求出发,在帮助"他人"的同时也实现了自己的目标,这是一种双赢的选择。

从"他人"的立场出发,就是我们常说的"换位思考"。它是我们与人交往时不可忽视的"技巧",也是我们与人交往时,走进他人内心最简单、最直接的路径。

李明是国内一所名牌大学的高材生。毕业后,他凭借自己的实力进入一家国企工作。由于专业基础扎实,又勤学肯干,李明在工作中并没有遇到什么实质性的困难。但是,只有一点让李明心里不痛快,那就是李明所在团队的经理总是跟他过不去。经理并没有在他人面前对李明恶语中伤,也没有刻意为难李明,就是每当他们团队接项目时,经理总是和他唱反调,李明说东,经理偏说西。这让李明心中起了一个不大不小的疙瘩。

这次,李明所在的团队又接了一个项目。在新项目的讨论会上,同事纷纷提出了自己的建议,只有李明默不作声。下班后,经理主动约李明一起吃饭,想请他谈谈对新项目的看法,可李明还是一言不发。经理感到很奇怪。不过,想了一会儿之后,经理笑了。对此,李明感到很奇怪。

这时,经理开口了:"李明,你是不是有顾虑?"李明抬起头惊讶地望着经理。经理笑了一下，继续说道："如果我是你，我也会有顾虑。"这下，李明更奇怪了。他目不转睛地望着经理。

只见经理慢慢地开了口："自从你来到这个团队之后，你发现每次只要一做项目，我们两个人就会出现分歧。更令你郁闷的是每次的方案总是以我的意见为主，你的建议似乎得不到重视。所以，这次项目你就不发言了。其实，如果换做是我，我也会有这样的想法。来企业工作不光是为了养家糊口，还要能实现自己的职业理想。我的建议总是不被采纳，那我怎么能接近我的职业理想，发挥我的个人价值呢？我当然会不高兴了。所以，下班后我才特意想和你沟通一下，看看你对这次项目有什么想法。"听完经理的话，李明心里的委屈消失了大半，和经理讨论起新项目的规划来。

为什么李明前后的态度会变化这么大呢？就是因为经理巧妙地运用了换位思考的方法，消除了李明心中的顾虑。从经理的话语当中，我们不难看出他不是站在自己的立场上去揣度李明的想法，而是真心真意地站在李明的立场上来考虑问题。

请大家想一下，如果你是李明，几次的提议都不被采纳，你还会在新项目的研讨会上发言吗？大多数人都会给出否定的答案。所以李明的主管非常明智，适时地站在李明的角度上去考虑问题，才发现了问题的症结。他及时调整了自己的工作方法，从而使李明再次充满信心地投入到新项目的研发中来。

其实，在我们与他人交往的时光里，总会有类似的事情出现。因为执著，我们不管不顾地与他人大吵一架；因为分歧，我们故作沉重地对着他人叹气；因为不屑，我们冠冕堂皇地摆出姿态与他人大闹一场。愤怒的时候，我们想到的只是自己的悲伤，无暇顾及他人的感受。直到我们与本来想要亲近的人渐行渐远时，才开始悔恨不已。李明的主管是幸运的，然而大部分人因为自己的固执，或者因为放不下面子，而失去了这样的机会。这时，我们应该怎么挽回局面呢？

首先，要放下自己也是受委屈者的姿态，主动去接触他人。

现代社会激烈的竞争使我们比以往更加渴望他人的理解和肯定。他人的一个眼神、一个动作都会牵动我们敏感的神经。面对分歧，在大多数情况下，我们的强势是装出来的，因为我们害怕失去。但我们却忽略了那些跟我们争执正酣的人也在暗暗担心自己会失去什么。所以，委屈并不能解决问题，只有自己放下身段主动沟通，才能融化他人心中的坚冰。

其次，要从对方的角度思考，勇敢地说出"如果我是你"。

每个人对于他人的重视就算表面上不露声色，心中也会暗暗窃喜。因为这说明自己在他人心中占据着一个比较重要的位置。这种感觉上的重要性会使人们在心中产生一种重要人士的自豪感，会使原本不那么亲近的两个人之间的距离在无形中拉近很多。

同时，我们也要尽量为对方着想，找出对方做法中的合理之处。

这是他们做事时的立足之本，也是我们进行"换位思考"的关键所在。

总之，在我们与他人的交往中，换位思考是一种非常重要的感情投资方式。它以主动、真诚的姿态拉近了我们与他人之间的距离，使双方跨越了原以为不可逾越的鸿沟，并最终使我们成为他人生命中不可或缺的"知心人"。我们每个人都是一只翅膀的天使，只有找到"知心人"，才可以彼此扶持展翅飞翔。

【关键提示】

> 所谓"知心"，不过是换位思考的"同理心"，知其所好，懂其所恶，才能将心比心，以情换情，携手打造更优质而稳固的交际圈。

提高你的"曝光率",让他"日久生情"

"远亲不如近邻,近邻不如对门。"这句话不仅说明大家离得近可以互相帮忙,也说明了一个与人交往的道理:经常见面能让彼此更熟悉,关系更亲密。

小文大三时,家中给她介绍了一个男朋友。可小文对这个男孩子并无兴趣,后来也就不了了之了。大四毕业之后,小文远离父母,独自一人在省城打拼,有时遇到一些困难只能自己偷偷落泪。而原来家中为她介绍的男朋友此时恰巧也在省城工作。男孩子见小文遇到了困难,就主动施以援手,还不住地逗小文开心。渐渐地,小文不再为工作上的困难发愁了。不仅如此,她还发现这个男孩子真的不错,工作能力强,待人又热情。一年后,小文与男孩子举行了婚礼。

其实,这个男孩子并没有什么变化。变化的只是小文看他的眼光。家里人开始为小文介绍男朋友时,小文和男孩子是陌生人,接触比较少,他们之间很难建立起比较深厚的感情。而小文工作后,由于男孩子经常帮小文,在小文面前频繁出现,两个人的接触变多了,彼此渐渐熟悉,小文发现了男孩子身上的很多优点,所以才越来越喜欢他。

这种对于越熟悉的人越喜欢的现象,就是我们生活中常见的"多看效应"。它要告诉我们的是,我们在与朋友交往时,见面时间长往往不及见面次数多。

如果我们与朋友经常见面,朋友就会逐渐习惯我们陪在身边的感

第五章 俘获人心令关系更进一步

觉,并养成随时与我们一起分享的习惯,这样就会拉近双方之间的距离。我们和朋友之间的共同话题也会变得更多,朋友也会更乐于亲近我们。

如果我们与朋友见面次数少,而见面时间又很长的话,就不可避免地会产生一些误会。双方可能会因为时间间隔过长而产生隔阂,而见面时间长又无话可说的尴尬,只能加剧双方之间的隔阂。

所以,提高我们在朋友面前的"曝光率"是让朋友对我们"日久生情"的最佳选择。那么我们应该怎样去做呢?

第一,我们要尽可能地出席一些有众多朋友或想结识的人共同参与的场合。

在这些场合中,我们可以最大限度地与朋友或是想结识的人接触。这时要克服自己胆小羞怯的心理,不能只埋头于美味佳肴或是麦克风旁,而要主动地与他人接触寒暄。最好能在适当的时候,与朋友或是想要结交的人谈一些他们较为感兴趣的话题。如果自己能发表一些独特的看法,并能得到参与者的赞同,那么你就会吸引更多人的目光。你留给他人的印象也会更加深刻。

第二,我们也可以自己创造条件去掌控我们出现在他人面前的时间。

史密斯是一家汽车公司的新人,他最大的愿望就是认识公司的总裁霍思先生,并成为总裁的朋友。可是,史密斯来公司一个礼拜了,也没有看到霍思先生的影子。有一次,他从清洁工的口中听到一个消息:霍思先生是个夜猫子,他白天忙于和客户谈判,下班后还要工作到午夜时分,而史密斯都是按时下班的。怎么可能遇到霍思先生呢?

于是,史密斯决定从第二天开始,下班后在公司加班。到了将近午夜时分,霍思先生从办公室出来时,突然发现楼下的办公室竟然还有灯光。出于好奇,霍思先生推开了那扇还亮着灯的门,他看到了史密斯。

这时的史密斯只是抬起头来笑笑继续埋头工作。

一个礼拜之后,霍思先生已经习惯了离开公司时楼下还有一盏未熄灭的灯。

两个礼拜之后,史密斯第一次坐着霍思先生的车回家了。

一个月之后,霍思先生要提拔一位职员成为他的特别助理,入选的人是史密斯。

很显然,史密斯巧妙地利用了时间,增加了自己在霍思先生面前的曝光率。虽然开始时,史密斯并不了解霍思先生的时间规律,但他懂得及时捕捉信息,终于从清洁工口中得到了有价值的线索。接着,史密斯开始了自己掌控时间的行动,即在公司加班到午夜时分。然后,他就不出意料地遇到了霍思先生。这就是巧遇的魅力,也是提高"曝光率"的威力。

第三,我们还要注意控制见面时间的长度。

我们的见面时间要保持一个原则,即见面次数要多,持续时间要短。当我们与他人不熟悉时,很多人与我们的交谈以应酬的形式居多。如果我们一直喋喋不休,那么恐怕下次见面时对方只能对我们敬而远之了。而持续时间短却可以传达出这样一种意思:我是真心来看望你,我不会耽误你的时间。这样对方就比较容易接受了。

提高"曝光率"就像广告商做广告,可能一个广告只有几秒钟,但它会充满你生活的每个时间段。如在家里的电视上、在公车的移动电视上,在等电梯的移动传媒中,因此不论是你多么讨厌的广告,最后都会给你留下深深的印象。某天去商场买东西,你突然会告诉自己:哦,这个打过广告,效果应该不错……

其实,每个人都希望他人喜欢自己。要想增强对他人的吸引力,就要使他人更加熟悉你。只有如此,才能让他们记住你,从而提高他人喜欢你的程度。但你要记着,要学会从"正面"曝光,让他对你"日久生情",而不是"负面"曝光,令人"日久生恨"。所以呢,做人千万别成为一条被人讨厌的"广告"啊!

第五章 俘获人心令关系更进一步

【关键提示】

每个人都偏爱自己熟悉的人或物。只要你能让想要交往的人一点点熟悉你，就有可能使他对你"日久生情"。为此，我们要注意增加自己的出场次数，让自己的形象深深地印在他的脑海中，让他感受到我们发自内心的善意。如果哪天他不见你可能都会心生失落，你们的关系就是想不好都难啦！

恰当的安慰犹如"雪中送炭"

每个人的生命中总会遭遇一些特殊的时刻。疼爱我们的长辈离开了这个世界,再也没有人会纵容我们的任性;事业进入了波谷地带,我们有些措手不及但又奋力挣扎;爱情像烟花一样四散无踪,曾经的相守成了最痛苦的回忆。此时,如果有人能送来恰当的安慰,我们一定会对他(或她)的善意刻骨铭心,永不忘怀。

同理,在朋友遇到难题和麻烦,心灵脆弱时,如果我们能送上恰当的安慰,他心灵的创伤就会很快愈合,至少会得到缓解。而他们对我们也会更加依恋。

不过,安慰他人也要注意一定的方法。不恰当的安慰不仅不会抚慰朋友受伤的心灵,反而可能火上浇油,使朋友本来就抑郁的心情变得更加难过。下文中苏阳的做法就是典型的不恰当安慰。

苏阳有一位好兄弟王君。前几天王君不小心伤到了腿,骨折了。夏日不断涌上来的热气让本来脾气就有些暴躁的王君更加烦躁。朋友们相继来看望王君,有人讲了很好玩的笑话,有人带来了降温消暑的西瓜,有人陪他侃最爱的意甲。大家热热闹闹,一边笑,一边吃西瓜,王君也露出了久违的笑容,不再只想着他骨折的腿了。

这时,王君的好兄弟苏阳来了。他们两个平时在一起经常打打闹闹,不拘小节。这次,苏阳也没客气,伸出手就在王君受伤的腿上拍了一下,大大咧咧地说:"哥儿们,听说你瘸了?怎么这么笨,那个跳台还没有三米高,你也太差劲了吧。哥儿们我的脸都被你丢光了。"苏阳

第五章 俘获人心令关系更进一步

一边说,一边拿起西瓜就吃。旁边的朋友一直向他使眼色,示意他看一下旁边的王君。懵懂的苏阳回头一看,才发现王君的脸色变得很难看。大家也停止了说笑,苏阳觉得很没趣,只得走开了。

从上面的故事里我们不难看出,在王君的众多朋友中,苏阳的安慰最不恰当。虽然他和王君是好兄弟,却并不了解王君此刻的心情。伤了腿本来就让爱蹦爱跳的王君很难过了,而且养伤的时候又是夏季,更增添了王君心中的烦躁。朋友们想尽办法让王君开心,而苏阳的话却充满了讽刺的味道。这就使王君好不容易平静下来的心情再次变得烦躁起来;他又怎么能对这位昔日好兄弟笑脸相迎呢?

那在生活中,我们怎样才能避免犯苏阳那样的错误,做到"恰当的安慰"呢?

首先,我们在安慰朋友时一定不要勉强他们,不要把"你要坚强"挂在嘴边。

在他人伤心时,去劝他们要坚强是一个强人所难的要求。扪心自问,如果我们自己遇到了类似的情况会怎么做呢?十有八九会大哭一场,然后狠狠地发泄一番。这是人们感到自己受委屈之后最自然的反应。而且如果委屈得不到及时地宣泄,还可能引发严重的心理问题。所以,我们要想恰当地安慰朋友就不要强人所难,而要顺其自然。

只有当不满发泄出来之后,人们才会逐渐恢复常态。所以这时我们最应该做的是引导他们发泄出心中的积郁,这样他们才会对我们的理解和体贴心生感激,并对我们产生一种自发的亲近。

其次,我们在安慰朋友时不可以追问他们原因,只要准备随时出手相助即可。

人们在面对自己无法掌控的局面时,总会思绪大乱,手足无措。这时,如果对头脑混乱的朋友发问,只会让他们更加茫然。所以,不追问才是最明智的选择。它使我们和朋友都避免了尴尬的局面。此时,我们只需默默地陪在朋友身边,随时准备帮他摆脱困境就可以了,这足以让他们对你产生持久的感激了。

不过，有一点需要特别注意。如果我们想要为朋友提供帮助，一定要得到他们的首肯，不能强加于人。此时此刻，朋友的心既脆弱又敏感，如果我们强迫他们接受自己的好意，可能会让他觉得伤自尊，引发他们无穷的反感，安慰也会变成讨人嫌。所以，伸出援助之手也必须要讲究时机，一切以朋友的意愿为标准。

另外，最重要的就是一定要让朋友坚信他是你心目中的英雄。

很多时候，我们更喜欢在朋友面前扮演英雄领袖和精神导师的角色，告诉朋友你应该这样，你应该那样。朋友虽然表面上总是欣然接受，但内心却承载着很大的压力。这些标准时时刻刻在提醒着他：你的行为一定要符合规范。特别是当他们遇到困难时，更容易产生自责心理，认为是自己能力不够所致，容易将自己深深地掩埋在悲观、失望、消极、不自信当中不能自拔。

这时，我们要帮助他们重新建立起自信。最有效的方法就是使朋友坚信他们仍是我们心目中的英雄。比如可以说"我知道你可以的"、"我明白你有能力战胜自己"、"无论你做出什么样的决定，我都支持你"。这会让他们感到，自己的困难只是一时的，既然身边的朋友这样肯定和支持自己，那么自己一定有能力走出面临的困境。

当然，恰当的安慰不仅限于语言上和情感上的支持，我们还可以根据具体情况做出一些更为实际的行动。比如送朋友一个喜爱的小玩具作为礼物，逗他开心；比如询问一下自己有没有可以帮忙的地方；比如针对朋友遇到的困难向其他亲友求助，请大家帮忙共同来解决这个问题。总之，为朋友"雪中送炭"最主要的是要带着一份真正为他着想的心，一份诚挚的情，这对朋友来说才是最珍贵的。

有一位心理学家曾经说过：要放下自己的世界，去接受别人的世界。只有接受了别人的世界，我们才会明白他们为什么会遭遇困境。而恰当的安慰正是由此而来。所以，我们不妨多多听听朋友内心的声音吧。

第五章 俘获人心令关系更进一步

【关键提示】

世事岂能尽如人意，每个人都可能遭遇不快。如果此时我们能送上恰当的安慰，他们就会对我们敞开心扉，对我们更加亲近。但这时我们一定要控制好自己，不要将自己的意愿强加给他们，而要理解他们的心情，帮助他们重树自信，开始新生活。

正向评价可加深彼此的愉快关系

俗语说：良言一句三冬暖，恶语伤人六月寒。评价在我们与他人的交往中起着相当重要的作用。生活中，每个人都是一个评价者，而且评价的依据都来自于自己对他人情况的描述与再现。正向评价可以促成我们与朋友之间更加愉快的交往氛围，而负面的评价则会引发一连串不和谐的反应，对彼此关系的发展造成巨大阻碍。

评价真有这样大的魔力吗？在你做出判断之前，先让我们来看一个小故事。

爱丽丝是一家对外贸易公司的员工。她从大学毕业就来到这家公司工作，至今已经有四年时间了，可她却没有得到任何的晋升机会。原来爱丽丝有一个非常"厉害"的上司——皮特。在爱丽丝的心目中，皮特简直就是一个制造负面评价的机器，无论爱丽丝怎么努力都不会得到皮特的赞扬。更让爱丽丝不开心的是，皮特还热衷于挑她工作上的毛病，每当皮特发现了她的过失后，就会毫不留情地冷嘲热讽一番。

在四年这样的职业生涯后，爱丽丝感到工作对她而言真是一个巨大的负担。她开始变得小心翼翼，对工作上的事也不敢随便发表自己的意见了；对皮特更是敬而远之，有事儿没事儿都不会轻易去找他。

正在爱丽丝陷入烦恼不能自拔时，公司进行了岗位调整。爱丽丝被调整到一个新的部门工作。新部门的经理布拉德是一个善于发现他人优点的人。每当他发现了员工的优点，都会毫不犹豫地给予最恳切的正面评价。爱丽丝也得到过这样的好评。这令她激动不已，因为她在原先的

第五章 俘获人心令关系更进一步

部门待了四年都没有听到过一句类似布拉德说的话。她对布拉德的好感顿生，也非常支持他的工作。

慢慢地，爱丽丝敞开了心扉，在工作中也越来越有自信。来到新部门半年后，爱丽丝就升职成功，成为一个新成立部门的主管。她在心里暗暗下定决心，一定要像布拉德一样，及时给予员工正向的评价，为他们创造一个愉悦的工作氛围，为他们充分发挥自己的主观能动性保驾护航。

故事中苦闷的爱丽丝和快乐升职的爱丽丝是同一个人。为什么同样是她，前后变化会这么大呢？这与她先后工作的两个部门的经理皮特和布拉德的态度有很大的关系。这就是评价所产生的魔力。

当爱丽丝在皮特的部门工作时，皮特喜欢对员工挑三拣四，尤其是皮特爱用负面评价刺激他人。这使得爱丽丝的工作积极性和自尊心都受到了严重的伤害。出于对自己的保护，爱丽丝只能隐藏起自己的锋芒，变得小心翼翼，唯恐犯错。

当爱丽丝在布拉德的部门工作时，布拉德喜欢积极地发现员工的优点，并及时地用正向的评价对员工进行鼓励。正是布拉德的正向评价使爱丽丝逐渐放下了思想包袱。

这则故事为我们与朋友交流提供了一个很好的借鉴。我们要记得在交流时，应随时注意以正向评价去影响他们。这样，我们与朋友之间的关系就会更加愉快和睦，从而促使双方之间的友情不断地升华。

为什么正向评价会使得我们与朋友之间越走越近呢？其实这有多方面的原因，这里介绍给大家，也希望大家能在了解这种行为深层原因的基础上，更好地运用它。

一是它会传达出我们对朋友的肯定之情。

每个人都渴望得到他人的肯定。当我们对朋友进行正向评价时，就会传达出对朋友肯定的信息。这样，朋友的内心就会不由自主地生出自豪感，这也会让他们变得更加自信。更重要的是，朋友不会忘记你这个给予他自豪感和自信心的人。他感觉和你这样一个善于发现他优点的人在一起交流是一种幸福。

二是它还会对朋友形成积极的暗示，帮助朋友打退其他人负面影响的进攻。

杜红是一个性格内向的女孩子。虽然她也想和同龄人一样玩耍打闹，但总在行动的前一刻退缩。她小时候可并不是这样。五岁之前是杜红最快乐的时光。她每天和小伙伴们一起玩耍做游戏，还偶尔搞搞恶作剧，十分快乐。可是这种快乐在她五岁的时候被粗心的父母打断了。

原来杜红从小就是个好奇宝宝，见到什么她感到新奇的东西就要问个不停。父母开始还是耐心地给小杜红讲解。后来，父母渐渐变得很不耐烦。杜红到了五岁的时候，求知欲变得更加强烈，她提的一些问题连父母也答不上来。但是爱面子的父母每逢此时总是粗暴地对小杜红说："不该问的问题不要问。"渐渐地，杜红变得不爱说话了，也不主动和周围的小朋友玩了，生怕说错什么话，惹得对方不高兴。

不久，由于父母工作的调动，杜红也转到了一所新学校就读。来到新学校不到一个月，杜红就爱上了这里。周围的同学对她非常好，总是竭尽所能地帮助她。更重要的是，每当杜红有了一点小小的进步，朋友们总会鼓励她。而当杜红做错了某件事时，大家也只是说："我相信你下一次会做得更好。"慢慢地，杜红开始主动和大家玩耍交流了。

为什么杜红前后会有这样大的变化呢？原来，当杜红向父母发问时，父母对于自己回答不上来的问题总是采取回避的态度，还训斥杜红。时间一长，就在杜红心中形成了一种消极的暗示。每当杜红想主动和他人交流时，总是因害怕受到训斥而不敢和别人接触。到了新学校后，朋友们总是鼓励她，夸奖她。即使杜红做错了事情，也从不训斥他，而是耐心地安慰她。这些正向的评价给杜红带来了积极的心理暗示，使杜红信心大增，从而化解了之前消极暗示对她的影响。

所以，如果我们想和他人成为亲密朋友，就要努力用正向评价去评论他人，使他们在和我们交往时始终处在以正向评价为主的环境中。这样他们就会感到和我们的相处是轻松愉快的。

评价是一把双刃剑。正向评价会给人们带来轻松和愉悦，鼓励人们继续朝着自己的既定方向努力。负面的评价会让人们悲观失望，使人们不敢面对现实。所以，想要结交亲密朋友的人们，一定要注意多用正向评价去和你想要结交的人交流。因为只有朋友在和你相处感到轻松愉悦时，才会更愿意多交流。而正向评价正是我们最有利的武器之一。

【关键提示】

> 每个人都渴望和他人在轻松愉悦的环境中交流。而正向评价正是创造这一环境的秘密武器。所以，我们平时与他人交往，一定要注意用充满积极意味的语言来评价朋友，与朋友交谈。让他们一边接受积极的心理暗示，一边对你源源不断地产生好感。

适当暴露自我，直抵他人心扉

对于那些高深莫测、平时不喜欢暴露自己的人，我们经常会本能地采取"敬而远之"的态度，因为他们"水太深"：走近了让人不知所措，离得远了又怕会暗中得罪。总之一句话，我们很难和这些人成为知心朋友。

同理，那些敢于在我们面前展示自己，敢于和我们分享一些秘密的人，更易博取我们的好感，因为他会让我们产生"我们在一条船上"的感觉。所以，如果你想和某个人成为知心朋友，不妨适当地暴露自己，在他面前说出自己的一些小秘密。这样，你就会踏上通向他心底的直通车。

大力是一名体育记者。一次，他受报社的委派去参访著名的运动员霍金斯，参访地点就在霍金斯参加比赛的运动场。当时，霍金斯刚刚结束比赛，正在休息。旁边的助手不停地为他递上水和毛巾。霍金斯的一部分粉丝也围在他的身边。

大力突然灵机一动，想为难一下这个著名的运动员。他慢慢地走到霍金斯的身旁，表达了自己想要采访他的意愿。霍金斯欣然接受，表示可以回答几个问题。

大力马上就抛出了自己的"撒手锏"："霍金斯先生，请问您在公开场合哭过吗？"

要知道霍金斯素有"硬汉"之称，怎么会轻易流泪呢？如果他哭了，不就和"硬汉形象"不相符了吗？霍金斯的助手和粉丝也对这个

第五章 俘获人心令关系更进一步

问题非常好奇。霍金斯会怎么回答呢？

只见霍金斯微微一笑，说道："当然。我觉得有时候哭才更像个男子汉。"

硬汉也会哭？大力对于这个回答很意外。采访结束之后，大力不禁为自己的恶作剧有些小小的担心。因为当时霍金斯是当着许多粉丝的面回答他这个问题的。粉丝会不会因此而不再支持霍金斯了呢？

大力没有想到自己的这个担心是多余的。半年之后，他再次奉命去采访霍金斯，结果发现有比上次更多的粉丝去现场支持霍金斯。

有"硬汉"之称的霍金斯为什么公开在粉丝面前承认自己在公众场合流过泪呢？为什么粉丝没有弃霍金斯而去，反而更加支持他了呢？这是因为霍金斯在粉丝面前坦诚了真实的自我。霍金斯承认自己在公众场合流泪的现实后，粉丝们觉得比起赛场上的霍金斯，他们更喜欢走下神坛的霍金斯。因为他也拥有和自己同样的感情，他看起来更加有血有肉，更加吸引人。

这种通过展示自己的真实想法和感受来取得对方信任、理解和支持的做法，就是我们日常所说的"自我暴露定律"。当你想和他人成为知心朋友时，就要将自己的真实想法和感受吐露给对方，坦率地表白自己，陈述自己，推销自己。如此便可以让对方觉得你信任他，拿他当"自己人"，也更容易赢得对方的好感。他也会逐渐对你敞开心扉，知心朋友就是这样产生的。

不过，凡事都要有度。适度的暴露会赢得他人的好感，而过度暴露则会引发他人不必要的猜测，不仅不会拉近与他人之间的关系，还会把他吓跑。

雪云是一个非常热情的女子。每当单位来了新同事，她都会热心帮忙。新同事们很快就跟雪云混熟了。可是，每当熟悉之后，他们就发现雪云喜欢在公开场合讲一些隐私。比如，她曾经跟小李讲过一个正在追求她的男孩儿有多么傻，被自己屡次捉弄还乐此不疲，对她倾心依旧。

比如，她曾经跟小张讲过她是通过使用一些非常的手段才得到现在的职位，为此曾经伤害过她最好的朋友。渐渐地，新同事们都远离了雪云。大家都觉得她太不可思议了。她是不是一个暴露狂和偏执狂？

其实，这就是雪云过度暴露自我的后果。她的自我暴露已经超过新同事们心理承受的警戒线了。因为雪云不分场合地乱讲话表现出来的并不是热情可亲，而是对身边朋友的不尊重，这只能让别人越来越讨厌她的人品，因此与她的交流也就成了一种无奈的忍受。大家只能慢慢躲开她。

都说一念天堂，一念地狱，自我暴露得好可以赢得好感，过度暴露却是过犹不及，那么我们该怎样把握这个度呢？

首先，自我暴露的程度要视交流的对象而定。

虽然我们很想成为他人的知心朋友，但并不是所有人都想成为我们的知心朋友。所以，我们在自我暴露时要根据与自己交流的对象来调整内容。

对于结识时间不长的朋友，我们可以谈一些不涉及自己私密的情感体验。这样既可以保证双方之间的亲密感，又不会使自己处于不安全的位置。

对于一般朋友，我们可以采取中等程度的暴露，暴露的层面视双方的共同点而定。

对于最亲密的朋友采用较多的自我暴露。但如果只是你主观上想成为他的知心朋友，而不清楚他的意向，建议还是采用第二种方法。

其次，自我暴露的程度还要视交流的地点而定。

交流的内容与地点息息相关。如果我们在不恰当的地点讲了不恰当的话，可能会为自己带来意想不到的麻烦。

如果我们是和朋友在一起度假，不妨讲一讲自己在冲浪时怎么出糗；如果我们是和朋友一起陪客户吃饭，不妨就客户感兴趣的话题谈一些自己的感受；如果我们是和朋友在一起谈心，不妨稍微涉及一些比较私密的话题。

最后，自我暴露时还要注意交流的时间。

交流时间与对象、地点都有莫大的关联。对于同一个交流对象而言，不同地点、不同时间，自我暴露的内容和程度都是不一致的。对于同一个地点而言，不同对象、相同的时间段，自我暴露的内容和程度也不相同。

总之，如果你想直达对方的内心，暴露自我是最有效的。但是，如果少了度的约束，就会过犹不及，适得其反。所以，聪明的人都会根据交流的时间、地点和对象的不同而做出相应的调整。相信聪明的你一定能掌握这个度，做得更好。

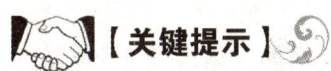【关键提示】

> 直抵他人内心是成为他人知心朋友的一条捷径。而走好这条捷径的最佳武器就是适度暴露自我。所以，我们要对交流的对象、时间、地点特别注意。除此之外，我们还要遵循自我暴露过程中的对等原则，循序渐进地进行。

学会赞美,欣赏的话人人都爱听

"人类内心最渴望的就是被他人欣赏,所以我们要多夸奖他人。"成功学大师拿破仑·希尔曾经这样说过。

是的,在纷杂的世界上,每个人都渴望被他人重视,被他人欣赏,而讨厌被指责。这恐怕是人类最重要的一个特征了。所以,如果你想要找到一个亲近的朋友,那不妨就满足他的这一需求吧,"手段"很简单,只要你真诚地赞美他即可。这是因为,赞美会使人感到一种巨大的优越感和满足感。

著名作家狄更斯正是在赞美声中踏上文学之路的。年轻时的他虽然立志要成为一名作家,但是他本身并没有受过多少正规的学校教育。不仅如此,狄更斯还面临着巨大的经济压力。后来,他终于找到一份工作,他的生活多少得到了一些改善。这时,他开始了自己的写作事业。

起初,他对自己也没什么把握,不知道自己写出来的东西会不会得到编辑和读者的关注。而现实也好像在考验他的毅力,他不停地寄出稿件,又不停地接到退稿信。直到有一天,他的一篇文章终于发表了。更令人激动的是一位编辑对狄更斯的文章相当激赏,并给他写了一封信鼓励狄更斯坚持写作。

得到赞美与肯定的狄更斯受到了空前的鼓舞,也让自己成为作家的梦想得到了小小的满足。从此,他开始了在文坛上勤勤恳恳的耕耘,直到去世。

读完这个故事,我们应该感激这位编辑,正是他的激赏使狄更斯产生了巨大的优越感和满足感。如果没有他对狄更斯的赞赏,可能今天我们就不能看到爱情至上的《双城记》,充满励志色彩的《雾都孤儿》,还有令我们啼笑皆非的《匹克威克外传》了。同时,我们也相信,即使狄更斯没有和那位编辑立即结成很好的朋友,但他也一定会一生铭记这位编辑对自己的知遇之情。

赞美的力量由此可见一斑。所以,我们在与他人的交往中,一定要注意恰当地使用赞美这个武器。下面就来教大家几个赞美他人的小窍门。

第一,赞美一定要真诚得体。

这是进行赞美的首要条件。在我们赞美他人时,一定要有一份诚挚的心,还要有一份认真的态度。只有如此,我们送出的赞美才不是空中楼阁,才不会被他人当做是敷衍了事。

比如,我们要对一位男性朋友进行赞美。如果他长得玉树临风,我们可以夸他帅气;如果他相貌并不出众,我们可以赞他有个性;如果他的个性也并不出众,我们可以讲他有气质;如果他气质全无,我们可以说他很善良。

如果我们能在与他人初次见面时,就能说出恰当的赞美对方的话,就会使对方对我们产生强烈的好感。

第二,要把握赞美对象的特点,适时调整自己的赞美方式。

龙有九子,子子不同。同样,我们要赞美的对象也是千差万别的。怎样才能做到恰到好处地赞美呢?怎样才能让他们心甘情愿地接受我们的赞美呢?这就需要我们把握赞美对象的特点,及时调整自己赞美他人的方式。

拿破仑是举世闻名的英雄,他最讨厌的就是别人当面恭维他。凡是当面恭维他的人,都会被他严厉地批评。一时间谁也不敢轻易赞美这位拥有赫赫战功的将军。有一天,拿破仑去巡视营地。一位参谋和颜悦色地站在营地门口迎接他。看到满面笑意的参谋,拿破仑以为他又要重复他人说过的恭维话,就皱了皱眉。这时,参谋开口说话了:"将军,欢迎您。远道而来辛苦了！听说您严禁别人当众赞美您，您的做法真是太明智了。"听过参谋的话之后，拿破仑的嘴角露出了一丝微笑。

其实，参谋的话才是最高明的赞美。为什么他会这样说呢？因为他事先已经了解到拿破仑并不喜欢别人当众恭维他，如果自己明知故犯一定会受到严厉的痛斥。所以，参谋换了一种赞美的方式。他并没有直接夸奖拿破仑有多么英明神武，而是称赞了他不慕虚荣的品格。这就使他与拿破仑在认识上达成了一致。因此，拿破仑将他的赞美收入囊中。

在生活中确实有一些人并不喜欢他人正面赞美自己。他们以为如果有人正面地赞美自己，就是要从自己这里获取一定的利益。所以，他们对此拒不接受，就像拿破仑一样。这时，我们需要做的是转换思路。

我们可以从侧面迂回，就像故事中的参谋一样；也可以采取背后赞美的方式。鸟儿总是很爱惜自己的羽毛，人们总是很爱惜自己的名声。如果我们从背后赞美他，就相当于在大家面前为他做了一次免费的宣传，使他的好名声为众人所知，这种赞美早晚会传到被赞美者的耳朵里。到时，他的心里一定美滋滋的，对你更是另眼相看。

第三，要善于寻找赞美对象的闪光点和与众不同之处。

每个人在自己的成长过程中都会有许多值得自豪的事情。如果你能够针对这些情况进行恰当的评价，那么被赞美的人心里就会非常舒服。你专注的态度会让他觉得你有分享他光荣和快乐的愿望。他与你之间的距离就会在不知不觉间被缩小。

另外，我们还要注意挖掘被赞美者的与众不同之处。

通常情况下，人们对于大同小异的赞美并不感冒，因为他们听得太多了。如果这时我们能从他所被人忽视的优点出发，那么我们就会收到意想不到的效果。

同时，不妨将赞美对象奉为道德与事业上的权威。

每个人心中都有一个权威情结。当你将被赞美者当成道德上的"完人"时，他们的心中就会自然地升起一股当仁不让的道义感。当你将他们当成事业上的权威时，他们心中就会涌起一种自豪感和愉悦感。这时，他们的心门就会轻易地向你敞开。

实践证明，赞美是一件有利的说服武器。人人都爱听好听的话，当人们沉浸在这些美言中时，对他人的防范意识就会放松。这时，只要我们把赞美双击，让他们在收获一次赞美而意犹未尽时再度得到赞美，他们就会情不自禁地拥抱我们，并渴望成为我们的朋友。

【关键提示】

> 喜爱听好话是人类的天性。只要我们用心去赞美朋友，就会收获更多的朋友。同时，我们还要注意，赞美一定要有的放矢，要知道虚假的赞美被看穿后比正面的诋毁还要糟糕。

与同行者交谈，倾听者更受欢迎

人都长了两只耳朵一张嘴，这是上天在告诉我们要少说多听。所以那些善于倾听的人常常更易获得他人的好感。

我们经常会遇到这样一种情况：有两个人一路同行，其中总会有一个人滔滔不绝地讲话，讲自己的做法，讲自己的价值观，然后用满含期待的目光看着他的同伴。这时，哪怕对方流露出一个支持的眼神都会使这位倾诉者身心舒畅。可是，如果旅伴并不领他的情，或是对他所谈的东西根本不感兴趣，相伴而行的两个人往往会不欢而散。即使不如此，倾诉一方也会对另一方失去兴致。

这就牵扯到一个比较常见却又容易被人们忽视的话题了，那就是倾听。在日常生活中，人们存在着这样的一个认识误区。他们以为谁说得越多，谁就会掌握事情发展的主动权。而发言很少甚至几乎不发言的一方根本没有选择权。所以，人们为了掌握主动权，就拼命地说话，试图以话语上的优势来取得交际上的优势。

其实，如果你也这样想那就大错特错了。古印度哲学家白德巴认为，能管住自己的嘴巴是最好的美德。很多时候，我们与他人沟通时，并不在于我们讲了多少话，而在于我们倾听了多少。如果我们想要结交知心朋友，不妨找个机会专门倾听他的话。这样不仅会了解到更多关于朋友的信息，也会无形中让他更想亲近你。

卡耐基就是一个聆听的高手。有一次，他去参加一个朋友举办的聚会。大家都在大厅里喝酒跳舞，卡耐基却被一位喝得半醉的科学家拉到

第五章 俘获人心令关系更进一步

了花园。科学家与卡耐基并不熟悉，但是他一直对着卡耐基讲他对于植物花卉的见解。卡耐基也并不急于回到大厅中去，只是静静地听着这位科学家滔滔不绝地讲话。这样大约过了三个小时，直到科学家起身向主人告辞，卡耐基才结束了这场"折磨"。

在告辞之际，科学家向主人大赞卡耐基，称他是最会讲话的人。

其实，在他们长达三个小时的谈话中，卡耐基除了偶尔讲几句赞同的话之外，很少发言。整场谈话几乎是科学家的专场演出。可是为什么科学家在告辞之时会盛赞卡耐基呢？这就是倾听散发出来的独特魅力所致。

卡耐基倾听的姿态，使科学家很自然地将自己的见解一股脑儿地表达了出来。这既满足了科学家的倾诉欲，也令他的心情随之放轻松了。而且卡耐基一直保持着礼貌的态度，除了偶尔讲几句赞同的话外，并没有打断他。这就使科学家感觉卡耐基是从内心里尊重他。正因如此，科学家才会向主人盛赞卡耐基。

由此可见，在我们与他人的交往中，倾听也是一种很有效的交流方式。通过倾听，我们可以加强与他人情感交流。

为什么大家都这样喜欢倾听者呢？

因为我们最爱自己。我们每天不停地讲一些话，做一些事，实际上都是在宣传自己的价值观。如果能有其他的人对此产生浓厚的兴趣，哪怕只是听我们倾诉，我们也会产生"他是理解我的"这种感觉。这种被重视的感觉是我们最需要的。当有人能够满足我们这种需要时，我们就会自然而然地和他们产生亲近感，并慢慢地成为他们的朋友。

既然倾听如此重要，那么我们怎样做才能达到有效的倾听呢？下面的方法可以为我们提供一些借鉴。

首先，我们要怀着一颗真心去聆听他人讲话。

是否真心这是态度问题。因为倾听并不只是他人的话简单地进入我们的耳朵而已，这其中还包含着许多深层的内涵。如果我们在他人讲完之后再去问他们已经谈过的问题，就会对讲述者造成极大的心理伤害。即使我们的本意是想和他们亲近，此时也会弄巧成拙，适得其反。

朱骏是传媒行业中的精英代表，每一个传媒行业的新秀都以能够成为他的朋友为荣。王军也不例外。有一天，王军终于得到了这样一个机会，他所在的公司派他去和朱骏洽谈一项业务。业务谈完之后，王军提出要和朱骏吃个便饭，朱骏答应了。王军异常兴奋。

就餐的地点选在谈判地点附近一家酒店的二楼。这里视野颇佳，而且清净宁和，是个进行交谈的好场所。二人边吃边聊。为了照顾王军的知识水平，朱骏先深入浅出地讲了一些行业的最新动态和简单的操作技巧。这些东西王军不费吹灰之力就全部听懂了，然后他就在心里思忖："原来大名鼎鼎的朱骏也不过如此，徒有虚名而已。"之后，王军虽然表面上在听朱骏讲话，其实思想上早已溜了号。

就餐完毕，王军正准备告辞时，突然间想起老板要他请教朱骏一件事。于是，他不得不拿出十二分的恭敬来请教他已经有些轻视的朱骏。听到他的问题后，朱骏的脸色马上变了，没再说什么，他们的聚餐也在尴尬的沉默中结束了。后来，王军才知道原来在就餐的过程中，朱骏不止一次提到了老板要他问的问题，只是他自己没注意而已。而他负责与朱骏联系的那项业务也因此不了了之。这时，王军才后悔莫及。

王军之所以得罪了朱骏，又丢了一单本来可以谈成的生意，就是因为他不能怀着一颗真诚的心去聆听他人的话，当时朱骏之所以讲一些简单的东西是因为照顾到王军是行业新手的关系。而王军却因此对朱骏起了轻慢之心，不再认真地听他讲话。结果漏掉了很重要的信息。当他再次问朱骏已经讲过的问题时，自然就会激起对方的不满，生意失败也理所当然。所以，真诚的心是倾听的第一要务。

其次，我们在倾听时，不要忘记给予讲话者一定的鼓励。

我们可以不必用语言表达，只需要用目光和讲话者交流，并加上点头示意的方式就可以了。这些肢体语言都会向讲话者传达出我们善意的认同和鼓励，显示出我们对他们的谈话十分有兴趣。唯有如此，讲话者才愿意向我们敞开心扉。

我们每个人都希望得到他人的肯定和认同,而聆听是最简单的一种表达方式。所以,如果你想成为某个人的知心朋友,就不妨先做他的倾听者吧。

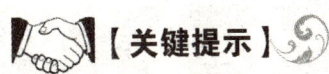【关键提示】

> 我们要想成为别人不可或缺的朋友,就要学会做一个善解人意的倾听者。除了用心倾听,理解和鼓励讲话者之外,我们还要对他所说的话表现出十足的兴趣。这样,讲话者就不会轻易失去兴致。只要这种对话还在进行,那我们交往的大门就不会关闭,而且会永远为彼此敞开。

第六章
善用人际交往心理定律把握全局
——随手拈来，打造你的无敌人际影响力

在我们身边总有这样一些人，他们似乎总能看透他人的心思，他们说出的每一句话都能对周围的人产生强大的影响力。难道他们有什么特异功能吗？其实不是。他们只是善于利用一些可以引发他人下意识反应的心理定律。本章就为大家揭示这些常见的心理定律，帮助大家打造非凡的人际影响力。

第六章 善用人际交往心理定律把握全局

情绪定律：用好心情感染身边人

每个人都是情绪化的生灵。当我们心烦气躁时，就会无端地向他人发火，甚至大吵大闹；当我们心情舒畅时，又会莫名地对一个自己并不熟悉的人关怀备至。不仅如此，即使是被我们推崇备至的"理性思考"其实也是情绪化的产物。因为理性思考也是人们在特定情绪状态下做出的思考，不可避免地会受到本人当时心情的左右。

这种我们任何时候所做的决定都是由情绪决定的现象，就是心理学上的"情绪定律"。人的情绪有很多种，但无一例外地都会对我们的生活产生巨大影响。

杰夫和朋友山姆约定一起出去玩。周日，山姆开着车，和杰夫一起离开了繁华的都市，准备在茂密的绿色森林之中来一次"森林浴"。到了目的地，杰夫和山姆被眼前的景色惊呆了。这种舒服清新的味道他们已经好久都没有闻到了。两人停下车子，悠闲地在林子里散步。

将近中午，杰夫感到有些饿了，于是他走向了山姆的车子找吃的。根据事先的约定，山姆负责带午餐。可是找遍了整个车子，杰夫都没有找到食物的影子。这时，杰夫的肚子咕噜咕噜叫起来，他突然感到很恼火，于是对山姆发起了火："你怎么没带吃的！"山姆说："我放在车子的顶棚上了。刚才过前边那个拐角时还在呢。可能是掉在路基上了，我去找一下。"

"不用了。"杰夫说道，"我们还是回去吧。出来玩本来很开心，现在真是扫兴。"说着，杰夫就爬进了自己的车子。此时，山姆也不高兴了,他心里想,至于吗?两人开着车回城了,一路上默默无言。从此以后,山姆再也不约杰夫一起出来玩了。

故事中的二人原本是出来放松心情的,可是最后却不欢而散。究其原因,在于掉下车的食物引发了他们的坏情绪。原本兴致勃勃的杰夫因为午餐没有了,所以变得很不悦,但他并没有控制自己的情绪,而是瞬间爆发并埋怨山姆,这样他的不快很快又传染给了山姆。山姆的不快使得二人之间的友谊出现裂痕。

情绪是我们在日常生活中做人做事的风向标。所以,我们在与他人交往的过程中要注意用自己的好心情去感染他们。好心情是可以传染的。当我们处在由良好心情构成的交往氛围中时,自然也会获得好心情。那么我们的好心情会对他人产生什么影响呢?其实,好心情会带给对方积极意义的心理暗示。

王芳是一名研一的新生。在读研之前,朋友们跟她讲,研究生中的很多人都是已婚人士。对此,她颇为好奇,真不知道跟已婚人士住在一个宿舍是什么滋味。所以,王芳对于未来的生活既紧张又期待。

很巧,王芳和两位已婚的姐姐同住。她们对王芳都很热情,帮她搬东西,告诉她周围哪些地方可以逛街买东西。可是,不到一个星期,王芳就感受到了两位姐姐的不同之处。

那位叫梁山的姐姐很喜欢抱怨自己的老公,每当她与身在外地的老公通过电话之后,都要抱怨一番。当梁山不高兴时,她就会向王芳讲,婚姻就是女人的坟墓。王芳还没有交男朋友,可是已经被梁山这种态度影响得对未来的婚姻失去了信心。

可另一位叫做周华的姐姐就不是这样。周华的老公也在外地,但周华每次和老公通完电话之后,王芳都可以感受到她身上散发出的幸福气息。周华从来不抱怨,也不主动向王芳灌输婚姻对女人来说如何如何等观念,她只是每天快快乐乐地生活。偶尔王芳问及她对于婚姻的看法,她也只是淡然一笑。话不多,只有一句:婚姻就是两个人互相帮扶着走到老。

渐渐地，王芳和周华越来越亲近，而远离了梁山。

为什么王芳会有这样的选择呢？因为梁山就是一个巨大的负能量生产工厂。当和梁山交流时，王芳总会感到一种巨大的压迫感，觉得自己总也高兴不起来。而和周华一起时就不同了。周华快乐生活的态度让王芳感觉到生活充满了光明和快乐。在与周华的交往中，王芳持续不断地接收到了积极的心理暗示，从而使自己对未来的生活充满了希望。

可见，好心情就是块磁铁，它会吸引大家向自己靠近。试想，如果我们想要改变自己的恶劣心情时，一定会选择和那些快乐的人做伴。即使我们没有采取主动，也会因为快乐的人在我们身边形成了一个快乐的小宇宙而逐渐改善自己的心情，变得不那么消沉。所以，在与他人的交往中，我们要有意识地将自己的好心情传递给他人。这样，只属于我们自己的快乐就会变成多个快乐，而想我们分享快乐的朋友也会越来越多。

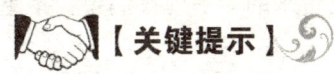
【关键提示】

> 情绪是影响我们每个人日常行为的重要因素。积极的情绪不仅能够愉悦自身，还能感染他人。所以，在我们与他人交往时，要时刻注意用积极的心理暗示去启发他们，用积极的情绪去感染他们。这样，我们才能营造一个良好的人脉圈，而你就是这个人脉圈最闪亮的中心点。

拒绝定律：学会说"不"也是一门学问

在生活中，我们总会遇到一些或大或小的麻烦。这些麻烦给我们带来了无穷无尽的烦恼，牵扯了我们大量的精力，让我们没有足够的时间去完成自己该做的事情。可是，到头来我们又有苦无处诉，因为很多情况下这些麻烦正是我们自己带来的：只是由于我们不喜欢说"不"。

美国作家比林曾说过：说"不"也是一种艺术，更是一种权力。人在一生中所遇到的麻烦，有一半是由于太快说"是"、太慢说"不"造成的。是的，我们的麻烦大部分是由自己带来的，因为我们害怕拒绝别人，我们太爱面子。

当我们随意地说出"是"这个字时，我们的心中会充满幸福感和成就感，因为别人需要我们。但是当承诺要兑现的时候，我们才发现有些事并不如我们想象的那么简单。于是，我们忐忑，我们彷徨，我们充满挫败感，后悔自己逞一时口舌之快。

这就需要我们在做出决定之前先思考一下，如果这件事是自己力所不及的，就一定要勇敢地说出"不"。这就是我们生活中常见的"拒绝定律"。

有一天，汤姆问他的父亲："爸爸，这世上什么词语最难说出口？"

父亲思考了一下，然后回答说："NO。"

汤姆听了之后笑了起来："这有什么难的？不就是一个N，一个O吗？"

父亲沉默了一小会儿，说道："可能你现在觉得很容易，以后你就

第六章 善用人际交往心理定律把握全局

会觉得也许没现在想得那么简单。"

汤姆笑了笑，没再说什么，可是心里却在想："这个词我什么时候都能轻易说出。"

恰巧第二天，伙伴们来找汤姆出去郊游。汤姆很高兴。很快，大家就来到了此行的目的地。原来是一个小湖泊，波光粼粼，有几只可爱的禽类悠闲地游来游去，阳光洒在水面上金光闪闪，煞是好看。大家都被美景迷住了。于是，有人提议下水游泳。这个主意得到了大部分人的支持，大家都争先恐后地跳到水里，一边游一边嬉戏。岸上只有汤姆和另外一个男孩儿。

大家嬉闹了一会儿发现还有两个人在岸上，就极力怂恿他们俩也下水一起来玩儿。可是岸上的两个人水性都不好，但经不起伙伴们的再三催促，便不好意思拒绝地也都下了水。汤姆刚下去就被呛了一下，而且还被一个伙伴成功地"偷袭"。脚下不稳的汤姆立刻跌进了水里，大口大口地喝着水，直到自己失去知觉。

等汤姆醒来的时候，他正躺在自己的床上，床边坐着一脸慈爱的父亲。看着父亲，他突然想起那一天和父亲的对话。是呀，如果这次坚决说"NO"，就不会遇到危险了。

该说"NO"的时候必须要说"NO"。

故事中的汤姆最终也意识到了这个问题。其实，汤姆并非不知道自己下水有可能遇到危险，可他还是下水了。他没有果断地说出"不"的同时，也就失去了自己在是否游泳这件事上的发言权。

怎样才能让自己顺利地说出"不"字呢？

首先，我们要坚信自己可以拒绝别人。

在人际交往中，我们总是在受着这样一个心理误区的暗示——如果我们拒绝别人，我们就会失去对方的信任和支持。事实并非如此。在自己能力不足的时候拒绝他人恰恰是对对方最负责的做法。如果此时我们接受了对方的请求，只会让紧急的情况失去最佳的处理时机，使本来手足无措的对方雪上加霜。

不仅如此，做自己力所不及的事还会使自己产生严重的挫败感，以致产生严重的交往心理障碍。由此可见，适时地拒绝他人的请求于人于己都有一定的益处。

其次，我们还要注意拒绝他人的技巧，委婉地表达自己的心意。

小茹是个职场新人，但由于自身的努力，她每个月所领的薪水与参加工作几年的"前辈"们相差无几。这让周围的朋友们很是羡慕，小茹自己也很骄傲。有一天，小茹的好朋友萧萧来找小茹，希望可以从小茹那里借两万元应急。这个请求一下子把小茹打懵了。因为虽然小茹薪水不少，但由于自己花费上没有什么节制，基本上每个月都是"月光"。这可怎么办呢？萧萧可是自己最好的朋友。

经过短暂的思考后，小茹下定决心拒绝萧萧的请求。不过，小茹并没有采取直接回绝的方法，而是拿出了一件自己新买的裙子。萧萧和小茹一样最喜欢买衣服，如果看到自己喜欢的就马上要买下来。果然，当萧萧看到小茹的裙子后，注意力马上被裙子转移了。萧萧一边试穿，一边欣赏自己在镜中的风姿。这时，小茹手一滑裙子的包装盒掉在了地上，里面的单据掉了一地，萧萧忙蹲下来帮小茹捡东西。突然间，她发现这里面有小茹这个月信用卡的账单，大概一万元左右的样子。

作为最好的朋友，萧萧当然知道小茹的消费习惯，所以专门挑了月初的时候来找小茹。只是没想到小茹这么快又把薪水预支出去了。看来小茹是不会借钱给自己了。试完裙子，小茹对萧萧撒娇道："好萧萧，我周日要去参加朋友的婚礼，你能不能借你的宝贝项链给我用一下？"萧萧答道："死丫头，你敢打那宝贝项链的主意，就不怕我老公杀了你？"原来那项链是萧萧老公费了不少心思从国外专门为萧萧定制的。两个好朋友相视一笑。

小茹并没有如萧萧所愿借钱给她，但是为什么萧萧没有和小茹翻脸呢？这就是小茹的聪明之处。小茹先是成功地转移了萧萧的注意力，使两人交流中出现了第二个重点话题，而且漂亮的衣服正是萧萧的兴趣所在。这样,双方就避免了因为借钱问题而可能出现的尴尬。随后,小茹让萧萧看到了自己的账单,暗示了自己这个月没有借钱的能力。最后,小茹还提出了一个比借两万元更大的要求——借萧萧老公费尽心力为老婆买的项链。这是不可能实现的。小茹在巧妙地拒绝好朋友之后,又创造机会让朋友也拒绝了自己一次,从而为朋友制造了一个挽回面子的机会。

在拒绝对方之后给对方制造一个拒绝自己的机会不失为巧妙拒绝别人的好方法。这样可以避免对方被拒绝后的尴尬,也可以使对方从心理上获得了一定的补偿与满足。

另外,拒绝他人还要注意不同事件要用不同的说法。

如果需要拒绝的事情无伤大雅,那么直说无妨。如果需要拒绝的事可能引发强烈的抵触情绪,就要先建立沟通的底线,再侧面迂回。这里所说的"沟通底线"就是交往双方在沟通过程中可以接受意外发生程度的界限。沟通底线关系到交往双方承受能力的问题,它一定要建立在两方之中承受力较差一方的最低容忍范围之内。

我们每个人都是芸芸众生中的一员,在与朋友的交往中,有所为有所不为才是对朋友最负责的表现。学会说"不"并不会影响我们在朋友心目中的美好形象,反而会让他们觉得我们更真实可信。所以,为是否拒绝别人而苦恼的人们不要再彷徨了,勇敢地说出你心中那个蠢蠢欲动的"不"字吧。

【关键提示】

> 拒绝是一门艺术。我们要根据自身的能力量力而行,不能盲目地点头说"是"。若你因为怕失去朋友而盲目答应他人的要求,等到无法完成时便会令他对你产生更大的不信任。别为了一时的面子伤了长久的里子。面对充满诱惑的大千世界,有所为有所不为才是真正的交友之道。

辐射定律：用你的人格魅力平定世界

有一天，洛克菲勒正在办公，突然一位不速之客闯进了他的办公室，一边用拳头大力地敲击着写字台的桌面，一边大声狂吼："洛克菲勒，我恨你！全世界没有一个人像我这样有绝对的理由恨你！"随后，这位闯入者又开始大声数落洛克菲勒的种种行为，最后甚至开始谩骂起这位富豪来。

此时，与洛克菲勒在同一办公室工作的同事们都非常气愤，认为洛克菲勒会大发雷霆或是请保安人员带走这位捣乱者。然而，出乎意料的是洛克菲勒却没有做出任何过激的反应，他慢慢地停下手中的工作，一脸和善地注视着捣蛋者。那人越暴躁，他就显得越平和。

那名无理取闹者感到非常莫名其妙，很快就平静下来。他的本意是要同洛克菲勒摊牌，并设想了很多关于双方唇枪舌剑的内容，奈何洛克菲勒就是不开口。所以，他也不知如何是好。最后，他又勉强地向洛克菲勒发动了最后一次进攻，仍然得不到回应之后只好索然无味地离去。而洛克菲勒就像根本没发生任何事一样，重新继续他的工作。

在整个世界中，没有任何一个人是可以孤立存在的。我们与他人之间都有着千丝万缕的联系，就在他人影响我们的同时，我们也在影响着他们。就以上述故事为例，如果洛克菲勒也与无礼闯入者针锋相对，事情就会越闹越大，甚至会出现局势失控的情况。而洛克菲勒的平和宽容的态度是化解这个突发事件的关键。正是他表现出来的广阔胸襟和容人

第六章　善用人际交往心理定律把握全局

气度散发出了迷人的人格魅力，即使是那位无理取闹者也有感于这份力量而败下阵来。

人格魅力是一个人在性格、气质、能力及道德品质方面表现出来的强烈的吸引力。具有人格魅力的人最易征服他人，成为人际交往中的佼佼者。他们就如一块不断向外辐射能量的磁铁，把周围的人牢牢地吸引过来。这就是人们常说的辐射定律。一个人若要参透辐射定律的真谛就需要不断地提升自己的人格魅力，从各个方面修炼自己。

在人际交往中，微笑是我们的第一"名片"。它不仅是动用面部肌肉最少的一种表情，还是内心美好情感的一种流露。如果能时常以真诚美好的微笑示人，一种祥和美好的气场就会逐渐在我们周围形成，他人就会沐浴在我们人格魅力的光环下，主动拉近与我们之间的距离。这就是我们需要修炼的第一步。

如果他人出现犯错或做法不合适的时候，我们能利用巧妙而恰当的方式进行处理，便完成了修炼的第二步。待人真诚友善、富于同情心是具有人格魅力的人最显著的特征之一。他们在与他人的交往中通常会保持弹性思维，在做任何事情的时候都会留有余地，充分顾及他人的感受。这种张弛有度的原则是他们在人际交往中的法宝。掌握了这一法宝，我们的人格魅力才能得到更大程度上的体现，人际关系也会变得更加融洽。

在任何时候均能有效地化解尴尬的窘境，是我们需要修炼的第三步。英国首相丘吉尔就是这样一个人。

大名鼎鼎的丘吉尔有一个习惯：一天之中无论什么时候，只要工作一结束就马上去洗个热水澡，然后就裸着身体在浴室中走来走去，并以此作为休息的方式。二战期间，有一次，丘吉尔来到白宫，请求美国军事援助，罗斯福盛情款待了他，并安排他住在白宫。一天，正当丘吉尔在浴室裸身散步时，突然有人敲门。丘吉尔在室内大声回应："请进！"这时，只见美国总统罗斯福出现在门口。看到丘吉尔赤身裸体的样子，罗斯福急忙想要退出房间。没想到丘吉尔却伸出了热情的双臂："亲爱的阁下，请进来吧。大不列颠的首相是没有什么东西需要对美国总统隐瞒的。"此时，罗斯福露出了会心的笑容，为丘吉尔的机智幽默深深折服。

正是丘吉尔的坦率幽默的方式为他赢得了美国总统的信任。从此，美国和英国结成了同盟，处于困境中的英国也由此走出了战时困境。

幽默是智慧的象征，也是交往的润滑剂，更是一种胸怀与境界。幽默使丘吉尔生出了无穷的人格魅力，不仅化解了尴尬的窘境，还拉近了丘吉尔与罗斯福之间的距离。

人格魅力就如同电磁波一样，它通过不断向外辐射能量的方式来影响周围的人，并令他们不自觉地向自己靠拢。当人心向我的时候，我们就掌握了人生交往中的绝对主动权。人格魅力的提高并不是一蹴而就的，每一天都是我们修炼的机遇。聪明人懂得适时地抓住机会，用自己的人格魅力平定世界。

【关键提示】

> 人格魅力如同一块磁铁。一个具有开放、包容、热诚、乐观等品质的人，他的磁力通常很强，会吸引更多的人和他同进退、共甘苦。这个道理其实很多人都明白，但做起来却很难，首先要做的是向自己开战，不断地自我修炼、自我雕琢。只有向内求而不惧辛苦的人，才能向外获得更多的人脉资源。

第六章 善用人际交往心理定律把握全局

布施定律：施恩于人，扩大影响力

俗话说："滴水之恩，涌泉相报。"每个人接受别人的恩惠后，都会感到有回报的义务。因此，我们可以利用人们的这一心理，在对方需要帮助时施以援手，这样他就会对你刻骨铭心，你的影响力也会在不知不觉中慢慢散发出来。这就是心理学上的"布施定律"。

抗战时期，钱钟书和杨绛夫妇困居上海。由于战事日益吃紧，上海物资紧缺，物价飞涨。钱杨夫妇的经济条件非常差，他们所赚取的钱几乎不能维持他们的日常生活。为了能够筹足日常生活所需的费用，钱钟书在写作时也注意到加入了相应的商业化因素。但是钱钟书惯于精工细作的写作习惯使得他的创作速度远远落后于商业化写作的速度。所以他们的经济条件并没有什么显著的改善。

这时，导演黄佐临向他们伸出了援助之手。黄佐临用最快的速度将杨绛的两本话剧改编成了能够演出的剧本，并很快促成了公演。正是凭着黄佐临及时支付的稿费，钱杨夫妇才度过了在上海最艰辛的日子，举世闻名的《围城》也得以在此期间完稿。

多年之后，钱钟书的小说《围城》要改编成电视剧，钱钟书亲自授权黄佐临的女儿黄蜀芹担任该剧的导演。

在整个事件中，黄佐临是最初的施与者。抗战时期，他通过对杨绛剧本的改编并及时支付稿酬解决了钱杨夫妇迫在眉睫的生计问题。对此，钱钟书并没有忘记。当钱钟书的小说《围城》要改编成电视剧时，钱钟书授权黄佐临的女儿担任导演，正是对黄佐临多年前善举的回报。

由此也可以看出黄佐临对钱钟书的帮助产生了非常深远的影响。

我们在与他人交往时也不妨多采用一下布施定律，利用大家与人交往不喜欢欠人情的心理，对他们施以恩惠，在他们心中深深地刻下属于我们的印记。这样，我们对他们的影响就会慢慢地渗透出来。

不过，在施予恩惠时，有一点需要特别注意。那就是我们一定要把握住施恩的度，必须要牢牢抓住重点，不能大事小情都去帮忙。

小海是一个初入职场的新人。由于刚出校门，什么东西都摸不着头绪，所以他在工作中总是麻烦不断。与他同租房子的陈路看到他的窘境之后，不由得想起自己初入职场时的情景来。于是，陈路决定帮助小海。有了陈路这个职场老手的帮忙，小海的工作很快进入了正轨。他非常高兴，也非常感激陈路。陈路也因为帮到了小海，非常有成就感，打心眼儿里为小海高兴。

不久，小海交了个女朋友，刚刚能自给自足的他突然间又增加了许多费用。本来小海没有女朋友时就是"月光族"，现在连"月光族"也当不成了。每个月的薪水只够两个人支撑到20号。剩下的几天就只能吃方便面了。陈路见此情景，又主动从自己的积蓄中拿出三千元借给小海，并叮嘱他："兄弟，出门在外，花钱的地方很多。你们现在又是两个人，要注意一下理财呀。"小海不好意思地点点头。

之后，公司要派小海去日本出差，小海没有合适的西服。陈路把自己新买的两万块还没上身的新西服让小海穿走了。像这样的事还有好多。开始小海还对陈路感激万分，后来他也就习惯了，反正什么事都有陈路帮忙。

有一次，小海因为要和女朋友去海南度假，又准备向陈路借钱。女朋友对小海说："你总是让陈哥帮你的忙，多不好意思。要不咱们换个地方，比如黄山什么的，这样咱们俩的钱不就足够了吗？"小海满不在乎地说："没事，反正陈哥肯定会帮我的。不帮我他就浑身不舒服。"小海的话正好被刚从外面回来的陈路听见，陈路感到非常伤心，自己的

第六章 善用人际交往心理定律把握全局

真心换来的竟然是别人的满不在乎。

为什么小海会这么讲呢？因为陈路的"服务"实在是太周到了。每当小海遇到问题，无论大小，陈路总是冲锋在前。虽然陈路是在不停地对小海施以恩惠，但因为这恩惠总是来得太容易，小海渐渐地便不那么珍惜了。如果陈路在帮助小海时注意把握住施恩的重点，而不是眉毛胡子一把抓，也就不会换来小海后来那句伤人的话了。

可见，帮助他人时，面面俱到并不能加深他人对我们的感念，反而会让他们变得麻木不仁。他们会觉得我们所做的一切都是应该的，"粒米养恩人，斗米养仇人"就是这个道理。

在日常生活中，每个人都希望自己受到他人的欢迎。每个人也都希望自己的好心可以影响到他人。这二者并不矛盾。如果我们能在他人遭遇危机的时刻，恰当地施与恩惠，他们就会对我们产生刻骨铭心的印象，我们也会因此对他们产生一定的影响。所以，如果想要他人成为我们的朋友，我们就要拥有一颗施与之心，勇敢地与他人分享自己的有效资源。但千万记得把握其中的"度"。

【关键提示】

有舍才有得。对他人施与恩惠就是一种舍。我们舍去的只是一个小小的角落，获得的将是整个世界。为此，在与他人的交往过程中，我们就不要计较一时的得失，要以身作则，以自己的责任感去激发对方的责任感。这样，施与受、舍与得就完成了一个圆满的循环，我们对于他人的影响也在潜移默化间变得更加有力了。

托利得定律：用包容心积攒人情

"爱人者，人恒爱之；敬人者，人恒敬之。"孟子几千年前就留下了这样的箴言。拥有包容之心的人才配拥有更多的朋友。

忍一时风平浪静，退一步海阔天空。各行各业的精英们也常是因为包容才能够成功。如果蔡元培不能包容拥有严重旧思想的国学大师，北大就不会成为全国第一学府；如果拿破仑不能包容犯错的士兵，就不会取得远征意大利的胜利；如果卡耐基不能包容骄傲的竞争对手，美国第一条铁路纵贯线就不会出现。一个有心量的人，一定会在对他人的包容中，得到他人的尊敬。

钱大江是建筑行业的行家。他负责的建筑项目总是能保质保量地完成，因此在业内享有盛誉。一次，他在担任一个项目的技术总监时推荐了一个叫马怀的人做技术顾问。他的这一举动引起了周围亲友和同事的不解。

原来，马怀不服钱大江在业内的名声比自己高，一有机会就和钱大江对着干。这次钱大江请他与自己负责同一个工程项目，不知要引起多少风波呢？有的亲友就打电话给钱大江，劝他不要和马怀合作。对此，钱大江只是笑笑，并不做过多的解释。三个月后，工程如期完工。钱大江和马怀之间也没有发生人们预料中的"战争"。大家都很奇怪。最后还是钱大江道出了其中的秘密。

其实，开始的时候，钱大江也是心中没底，但是他相信马怀的技术。于是，在马怀来到工地的第一天，钱大江就主动去找了马怀。他真

第六章 善用人际交往心理定律把握全局

诚地对马怀说:"马怀老弟,这项工程中的核心技术非你莫属,老哥我自愧不如。虽然我是技术总监,但是有关核心技术方面的东西一切唯你马首是瞻。老哥我绝无二话。"

马怀听了钱大江的话很受感动。看着这么真诚的钱大江,想想自己以前孩子气的行为,马怀觉得非常不好意思。从此之后,二人摒弃前嫌,精诚合作,终于如期完成了任务。

为什么以前总是跟钱大江对着干的马怀会这么痛快地答应与钱大江合作了呢?重点就在于钱大江的那番话。钱大江并没有因为自己在业内声名显赫就骄傲自大,也没有因为马怀之前对自己不敬而耿耿于怀。他选择的是忘掉以前的恩怨,真诚地赞美对方的长处。这样一来,马怀就消除了心理障碍,以全副热情投入到工程的建设当中去了。

这种能够在处世行事时包容他人行为的现象,在心理学上叫做"托利得定律"。包容的心就像一个大熔炉,它能够容纳各种截然不同的观点和行为,因此它会如海般阔大,如山般厚重。如果我们拥有这样一颗包容之心,就能吸纳更多的朋友来到我们的生命中。

那么怎么修炼一颗包容之心呢?

第一,我们要尽可能地在不伤及原则的情况下,包容他人的缺点。

金无足赤,人无完人。我们每个人都有自己的缺点和优点。甚至在有的人身上,缺点和优点同样突出。

发明家杰弗逊就是这样一个优点和缺点十分鲜明的人。当他还是个年轻小伙子时,就发明了改进汽车轮胎的技术。可是,由于他总是酗酒,给老板留下的印象及其恶劣。所以,尽管他的发明可以解决老板遇到的困难,老板还是不能相信他。

后来,有一位叫做福特的老板找到了他,主动邀请他去自己的工厂工作,并许诺可以让他在工厂里搞实验。杰弗逊半信半疑,没有马上答应,但是福特连续一个星期都在杰弗逊工作的工厂外面等候他的答复。福特的诚心感动了杰弗逊,于是杰弗逊来到了福特的工厂。不到半年时

间，杰弗逊的新技术就应用于汽车零件的生产了。

到了福特工厂工作之后的杰弗逊也不再酗酒了。后来，杰弗逊告诉福特，本来他只是工作之余喝两杯，并没有酒瘾。在原来的工厂开始工作时，杰弗逊几次向老板提出改进汽车零件的意见，老板都没有采纳，他是从那时开始酗酒的。而当他发明汽车轮胎改进技术的时候，已经酗酒成瘾，老板就更加不信任他了。来到福特工厂之后，杰弗逊才感到了老板对自己的尊重，自己的才华也充分地发挥了出来。

为什么杰弗逊会成功呢？因为他后来的老板福特为他提供了一个宽容的环境。虽然福特遇到杰弗逊时，杰弗逊是个拼命酗酒的酒鬼。但是，福特从他发明的汽车轮胎改进技术上看出，实际上杰弗逊还是热爱自己的工作的。既然有这份做好工作的热情，那么只要杰弗逊不在工作场合酗酒就可以了，而杰弗逊也确实做到了。所以，他们的合作十分成功。

第二，我们在做人做事时要留有余地，学会多给他人面子。

大师在作画时从来不把自己所有的思想都表现在画作中，这在行话中叫做"留白"。交朋友也是如此。我们不必将我们与朋友之间的空隙全部填满，彼此要留一些空白，也就是余地。

所谓"留有余地"，有两层含义。

一是我们要为自己留有余地。如果我们一味地勇往直前，不留空隙，就会像一张绷得越来越紧的弓，稍微用点力就会折断。如果我们自己都不能照顾好自己了，还拿什么去包容他人呢？

二是要为他人留有余地。为他人留有余地就是为我们自己留有余地。如果他人拥有一百条可以通过的道路，即使其中的九十九条都断了，他们也不会感到悲痛，因为还有一条道路是畅通的。如果将最后一条路也断去，就会激起他人彻底的反抗。所以，如果我们要想广泛地结交朋友就要为他们也为自己"留白"。

另外，很多时候，人都是面子的奴隶。即使意识到自己做错了事，也会因为拉不下面子而死撑到底。这时，我们只需给他们搭一个台阶，帮助他们从危险的悬崖边上走下来。他们就会因为我们的包容而感动不已,并逐渐向我们靠近。

俗话说:利不可赚尽,福不可享尽,势不可用尽。用包容之心对待他人,为他人留有余地,会在他人与我们之间建立起一座温馨亲切的桥梁。他人会因为想念这种和谐美好的感觉而逐渐向我们靠近,而我们也会因为建立起这座桥梁而拥有更多的朋友。

渴望提高人际影响力的你还在犹豫吗?从现在开始,敞开你博大的胸怀吧。

【关键提示】

> 《菜根谭》里一句话说得最好:"路径窄处,留一步与人行;滋味浓时,减三分让人尝。"与人相处时,我们要时时记得人人都值得你去包容,万不可凡事做绝。要知道不给他人留余地,他人也不会给我们留退路。

250定律：由一个人去赢得250个人

每个人一生当中到底可以认识多少人呢？从幼儿园到小学、中学、大学直到工作之后，我们掰着手指数来数去，发现手指总是不够用。我们认识的人真不少，但是你可以影响他们中的多少人呢？二十、三十还是五十、一百？这个数字很不确定。那么你想过要去影响250个人吗？

"我真的可以吗？"也许你会在心中发出这样的疑问。是的，不要怀疑，相信自己，你确实可以做到。这里，我们还要讲讲美国著名推销员乔·吉拉德的故事。

吉拉德在商战中摸爬滚打的这些年里，他竟然能够在12年中创造出平均每天卖出6辆汽车的记录，相信他成功的原因是多方面的，但有一点我们不容忽视，那就是吉拉德认为在每位顾客背后都大约站着250个他们的亲朋好友。如果一个推销员在年初的一个星期内得罪了两个顾客，那么到年底可能会有五千人都不愿意和这个推销员做生意。为此，他恪守顾客就是上帝的信条，时刻注意控制自己的情绪，不因为顾客的刁难、自己的心情不佳等原因而怠慢任何一个顾客。

这就是我们生活中常见的"250定律"。我们每个人都不是孤立存在的个体，我们的身后都有一个充满了活力的群体。所以，在与他人的交往中，要学会善待你认识的每一个人，也许他们的背后就有一个为你的人生提供机会的团体。

第六章 善用人际交往心理定律把握全局

菲戈是一名普通的快餐店店员。他每天的工作忙碌而充实。有一天，外面大雨滂沱，快餐店里吃饭的客人很少。店员们为店中的客人端上饭菜递上餐巾纸之后，就三三两两地聚在前台聊着这该死的天气。正在店员们聊天之时，快餐店的门一开，进来一位老太太。刚从外面进来的老太太颇为狼狈，裤脚和鞋子上都是泥，外套还滴着水，把快餐店的地板弄湿了一大片。聊天的店员们用轻蔑的眼神看着老太太，没有过去招呼的意思。老太太看着被自己弄湿的地板有些不好意思地低下了头。

这时，去后厨找东西的菲戈回到了前台。他发现伙伴们并没有去招待老太太的意思，就自己走了过去。

"请问您需要点什么，夫人？"菲戈问道。

"我不是来用餐的，我的孩子。"老太太说道，"外面的雨太大了，我进来避避雨。"

"是那样呀。那我为您搬张椅子，请您坐到火炉旁边去吧，那里暖和。"说着，菲戈就为老太太搬了把椅子放在火炉边，并扶着她坐在了椅子上。

一个小时后，雨停了。菲戈为老太太打了一辆出租车，请司机按照老太太讲的地址送她回家。

菲戈很快就忘了这件事，继续在快餐店里努力地工作着。直到有一天他收到了一封邀请他到卡耐基公司工作的信函。信是卡耐基亲自写来的："亲爱的菲戈先生，十分感谢您在两个月之前的雨天帮助了家母。现在我的公司需要一个得力的特别助理，我马上就想到了您。希望您能来帮助我。这也是我母亲的心愿。"

原来那位来避雨的夫人就是卡耐基的母亲。菲戈十分高兴地接受了卡耐基的邀请，开始了自己的职业经理人生涯。

故事中的菲戈并不认识卡耐基的母亲。他只是本着"顾客都是上帝"的职业信条，为每一位来快餐店的客人服务。当看到老太太狼狈的样子时，他几乎是出于本能地给老太太安排了靠近火炉的位置，好让她免受风寒。同样是出于对老太太孤身一人在外的同情，菲戈为老太太安排了回家的出租车。正是菲戈不怠慢任何一位顾客的态度最终帮助他赢得了老太太背后的群体——卡耐基公司的工作。

既然由一个人去赢得 250 个人如此重要，那么我们应该从何做起呢？

第一，我们要注意时刻保持一颗真挚的心，坚信善待他人就是善待自己。

善良的心是温柔的枕头。和谐融洽的人际关系永远是人类共同追求的目标。当我们面对他人时，要注意用最真挚的心去对待他们，给予他人更多的帮助与鼓励。这些帮助与鼓励并不会因为我们给予了他人而变少。相反，当我们把它们给予他人时，它们会像种子一样留在对方的心里，它们会在他所在的群体里开花结果。而这爱的传递最终也会回到最初的源头。

第二，我们还要经常联系他人。

前面讲"曝光率"时已经提到过，我们在他人面前出现的次数越多，他们才会更加注意到我们的存在，才会熟悉我们，与我们成为朋友。而我们也才能去赢得更多的人。

江浩是一家电子公司的老总。每次他到了一个新的谈判地点都要主动给周围的人发名片，而且在他离开此地之后，还会定期地给发过名片的人打电话或发短信。慢慢地，十余年来，江浩积累了大量的人脉资源。现在无论江浩到哪里，都会有朋友主动关心他。如果江浩遇到了什么困难，朋友们都会主动帮忙。

为什么江浩会赢得这么多人的爱戴呢？就是因为小小的名片。发名片是很多老板都会运用的扩大自己及公司知名度的方法。但是大多数人名片发完就完了，并没有注意相关的后续工作。而江浩在这一点上做得很好。他不仅没有忘记给过名片的人，而且还定期地跟他们联系。这样，江浩就在那些经常联系的人心中留下了良好的印象。所以，无论江浩去哪里，都会有朋友帮忙。

第三，我们还可以试着走进朋友的圈子。

当我们赢得朋友之后，必然也会通过朋友对他所在的圈子产生一定的影响。这时，如果我们可以借机走进朋友的圈子，就可以为自己赢得更多的朋友。

总之，我们善待他人和主动联系他人的过程就是不断赢得更多人的过程。只有时刻注意善待他人，主动与他人联系，才能将自己善意的信息传达给更多的人，才能赢得更多的朋友。所以，希望赢得"250"个人的人们不妨从现在就开始行动吧。

【关键提示】

> 以一个人的实力去赢得 250 个人的尊重并非痴人说梦，它不过是和谐愉悦的人际关系的善意传递。为此，在与他人交往时，我们要注意善待每一个在自己生命中出现的人，并且要维护好与他们之间的关系。唯有如此，我们才可能积累起更多的人脉，才能赢得更多的朋友，影响更多人。

凡勃伦定律：抬高身价，吸引别人向你走来

物以稀为贵，通常，得到一样东西的难易程度会影响我们对它的珍惜程度，这就是凡勃伦定律。它最初的内涵来源于经济学领域，是指消费者对一种商品需求的程度因其价格较高而增加的现象。它也同样适用于社交领域。

当我们与他人进行交往时，他人在心中总会替我们设定一个价码。这个价码会随着双方之间的交往而不断地起伏。如果我们总是招之即来，挥之即去，我们在他人心中的价码就会逐渐走低。如果我们总是忙忙碌碌，没有足够的时间与他们交流，我们在他人心中的价码反而会不断上升。

郭爽是大家公认的贤妻良母。在单位，她勤勤恳恳地工作；在家里，她全心全意地照顾老公做家务。虽然每天下班回家很累，但是郭爽还是把家务活全都包下来。每当郭爽腰酸背痛地做饭拖地时，郭爽的老公总是跷着二郎腿在客厅看电视或打游戏。对此，郭爽没有丝毫的怨言。她认为既然嫁给了老公，就要给他最贴心最舒适的生活。

有一天，郭爽因为严重的病毒性感冒病倒了，从单位请了假在家中休息。到了下班的时候，老公回家了。看到郭爽在休息，老公没有说什么，还是照常去客厅进行他的游戏事业。过了一个小时，老公感到肚子饿了，就向厨房的方向喊了一声："郭爽，饭好了吗？我都饿了。"郭爽在卧室里低低地应了一声。老公发现郭爽还在卧室，就不耐烦地嘟囔了一句："这么晚了，还不去做饭。"说着，继续玩起了游戏。听了老

第六章 善用人际交往心理定律把握全局

公的话，郭爽流下了委屈的泪水。她擦了擦眼泪走向了厨房。

郭爽的经历是这个世界上千千万万贤妻良母的缩影。为什么郭爽生病了，她的老公不仅不闻不问，还抱怨饭没做好呢？这是因为郭爽平时做得太周到了。老公已经习惯了这种衣来伸手、饭来张口的日子。同时，他也把郭爽的这些付出当做她应该做的。因此，一旦郭爽不能再给老公提供这种周到的服务时，老公就觉得自己的"合法利益"受到了侵犯。

人们对于容易得到的东西总是不太珍惜。如果郭爽平时没有时间照顾家庭，偶然有一天，她做好饭菜整理好房间等着老公回来，那她老公一定会是另外一种表现，他定会受宠若惊，倍加感激。

在与人交往时，我们要注意保持适度的矜持，招之即来挥之即去只会让我们的身价大打折扣。所以，我们在与他人的交往中，要注意适当地抬高自己的身价。

生活中没有什么绝对的真理存在，几乎每个人每件事都会被主观意识过滤一下。我们的一举一动都会影响他人对我们的评价。所以，我们不妨在他人对我们做出评价之前，先替他们塑造一个关于"我"的正确形象。

我们与他人交往的过程就是一个体现双方价值的过程。当对方没有准确地对我们的价值进行判断时，我们要先订下判断的标准。此时，谁先定下标准，以后的交往就会按照先订下的标准作为蓝图或基准进行下去。而适度的矜持就会帮上我们的大忙。我们的适度矜持会使对方感觉我们是不容易交到的朋友。人们对于不易得到的事物总是用更高的热情去追求。这样，我们就顺理成章地吸引着别人的脚步向我们走来。

另外，我们还需要给别人造成自己很忙的印象。

张强是一家装修公司的普通员工，但是他的朋友却很多，其中还有不少是同行业中的佼佼者。这是为什么呢？在一次同学会上，张强公开了自己的秘诀。当有机会跟这些行业中的大亨级人物一起吃饭时，张强

总会请他的家人不断地打电话给他。他总是一边接电话一边小声抱怨："这个讨厌的电话。不知道我正跟我们行业中的精英在吃饭吗？这个机会多么难得呀。"这时，一旁的精英分子就会既感动又觉得张强是一个值得交往的朋友。

有时，人们在衡量事物价值的时候，形式可能会比内容更重要。张强实际上并没有什么紧急的事情去做。而家人频繁打来的电话就会让张强身边的人以为张强很忙。在人们眼里，越是忙碌的人才是越有能力的人，越忙碌的人才是越有交往价值的人。张强正是利用了人们的这一心理实现了自己广泛交友的愿望。

总之，人们都希望能和有能力的人成为朋友。如果你现在还是实力平平，要想交到有能力的朋友不妨好好利用一下凡勃伦定律，适时抬高自己的身价。身价越高，可得性越低，对于人们的吸引力就越大。我们就越能交到自己想要交到的朋友。

【关键提示】

> 俗语说：穷居闹市无人问，富在深山有远亲。自古以来，身价就是人们衡量与自己交往的人的重要标准之一。如果我们可以不断提升自身的修为，适当提高自己的身价，就可以帮助我们吸引更多的人。

第七章
吸引他人跟随你
——熟读神奇心理效应,轻松操纵他人心

你羡慕过这样的人吗?他们仿佛就是人际交往中的一个神话,总是能轻易地从别人那里得到自己想要的东西,不费吹灰之力就让他人听从自己的意见。大家也像着了魔似的,整天围着他转,连意志坚定的你也会不由自主地被他所吸引。这是怎么回事呢?你可能思考了很久也没有找出答案。其实,这一切都是因为他们能够洞悉人们的心理,并善于运用一些手段罢了。

第七章 吸引他人跟随你

欲扬先抑效应：把甜头留到后面

可能大家都会遇到这样一个场景：当有人说要给你两个消息，一个是好消息，一个是坏消息时。大家往往会选择先听坏的，把好的留在后面。其实这样做的心理动因只有一个，就是让自己更关注好消息，把它带来的正面喜悦情绪最终留在心里，以冲淡坏消息的苦涩。

我们把这种将积极方面放于消极方面之后，以期获得更多关注的现象称为欲扬先抑效应。如果我们能将这个效应成功地运用到人际交往中，它就可以帮助我们加深对于积极方面的肯定，淡化消极方面带来的影响。我们与他人之间的交往也会变得更加轻松愉快。下文中的陈路就是成功地运用了这个效应才得到老板夸奖的。

陈路是一家玩具商店的促销员，因态度认真、服务周到深受广大顾客的喜爱。他平均每周都能卖出 30 件以上的玩具。可是，从两个月前开始，由于受到金融危机的影响，玩具市场变得非常不景气。虽然陈路还能暂时保持自己的记录，但玩具市场的买卖很快就要进入淡季了。陈路估计自己这个月无论如何也不能保持原来的记录了。

于是，陈路找到了老板。他恳切地对老板说："老板，现在的市场形势很让人担忧。马上要进入淡季了，我估计从这个月开始，就算是业绩不错的我可能也只能卖到原来业绩的一半。"老板点了点头，表示自己已经心中有数了。

淡季的第一周很快结束了，陈路一共卖了 22 个玩具。虽然没有达到平时的水平，但由于老板心中已经有了业绩可能只有原来一半的认

识,所以陈路不仅没有受到批评,反而受到了老板的嘉奖。

这件事显示了欲扬先抑效应的强大力量。本来,金融危机来袭,市场不景气,销售量下滑是一个必然,这是大家可以凭借常识判断出来的。但是,如果陈路不对这一点进行突出强调,老板可能还会按照原先的标准去要求他。

在这件事中,陈路凭着自己对玩具买卖市场的了解,可以很清楚地知道业绩下滑的大致范围。他之所以人为夸大了业绩下滑的程度,是为了使自己在淡季业绩的下限超过他跟老板所强调的数值。这样,就算他的业绩不佳也不会受到老板的责怪。而陈路最终的业绩比他预计的要多上7件,所以老板很高兴,还夸奖了他。

因此,在与人交往时,我们要养成把好话留在后面说的好习惯,这可以帮助我们赢得更多的好感,帮助我们赢得更多人的拥护。

既然如此,那么我们怎样做才能使它发挥出最大的效用来呢?

第一,我们要注意尽可能地加大前后两件事情之间的差异度,从而增加我们留在后面的好话的分量。

有句俗话说的好,"不怕不识货,就怕货比货。"当一个不熟悉的东西出现时,我们更多地会根据相关的宣传来对它进行了解。而当我们对它们不再陌生时就会货比三家,直到选出自己最为满意的。在与他人交往中运用欲扬先抑效应就与此有异曲同工之妙。

我们与他人的交往中,在不伤及原则的前提下,可以将"抑"的部分的起点降得更低一些。这样,即使"扬"的部分没有变化,二者之间的差别也会变得很大。而心理落差的加大会使好话的激励作用更加明显。

第二,我们还要注意理清"抑"和"扬"两部分之间的内在联系。

欲扬先抑效应之所以会发挥作用,是因为"抑"和"扬"之间的悬殊差异造成了人们心中强烈的心理落差,而心理落差产生的关键就在于二者之间存在着同一层面上的可比性。如果没有可比性做前提,人们

第七章 吸引他人跟随你

的心理落差就不会形成，欲扬先抑效应的作用就无从发挥了。

比如，某个人正在等待自己的面试结果，而你已经知道他落榜了；与此同时，他朝思暮想的姑娘回国了。这时，如果你把自己知道的情况当做一个好消息和一个坏消息去告诉给某人，必定不能达到宽慰他的效果，说不定他还会对你心生怨恨。

此时，某人最希望得到的是工作。结果这个公司没有录取他，如果另一家更好的公司录取他，他就会很高兴，这两者就是同一层面的问题。而朝思暮想的姑娘回国与没被公司录取本就不是同一层面上的问题，并不具备可比度。欲扬先抑效应在这里便不能发挥作用。

我们每个人都喜欢听别人讲自己的好话，欲扬先抑效应也由此应运而生。如果我们可以掌握好所要讲的话之间的差异度，那么他人在听过我们的讲述后就会更加关注我们的观点。所以，要想成功地掌控他人，不妨先养成把好话留在后面说的习惯。

【关键提示】

先把手浸在冷水里，再把它放在热水里，我们会觉得水变得更暖和。欲扬先抑效应也是如此。对比效果越明显，人们的满意度就会越大。为此，我们只要能够有效地拉大他人前后心理的落差，就可以成功地打开他人的心门，并轻松地驾驭他们。

近因效应：用最新印象优化自己在他人心中的形象

不知你是否察觉，我们总是对最近发生的事情记忆犹新，而对以前发生的事却总是不够清晰。倘若要我们回忆一个多年不见的老友，我们只记得送别时他挥手的样子。至于之前大家怎样在一起，有多深的兄弟情谊，那些片段已经随着时光的流逝而一道远去，再也找不回来了。这是怎么回事呢？

原来，这和人类大脑记忆的秘密有关。我们的大脑总是对最近发生的事情记忆最深刻，而之前发生的那些记忆除非是有意记忆，其余的都会随着时间的流逝而逐渐淡忘。也正是如此，人们才会深受近因效应的影响。

所谓"近因效应"是指在记忆一系列事物的时候，人们对于末尾部分的记忆更优于对其他部分的记忆。而具体到交往过程中，就是指我们对他人最新、最近的认识会占据主体地位，从而掩盖了以往形成的对他人的评价。

同其他心理效应相比，近因效应具备了更多的即时性和新颖性。它可以帮助我们随时优化我们在他人心目中的形象，帮助我们了解他人的最新变化，提供调节做事风格的依据。而下文中的毛军就是一个运用近因效应的高手。

毛军和翠翠是一对恩爱夫妻。因为翠翠是家中的独生女，为了方便照顾父母，毛军和翠翠就在翠翠父母家开始了自己的小日子。虽说毛军家的经济条件也很不错，但是周围的人都认为是毛军入赘到翠翠家了。

第七章 吸引他人跟随你

于是就经常和毛军开一些不大不小的玩笑，问他当上门女婿的滋味如何，毛军为此很生气。有一次，他忍不住就和妻子翠翠抱怨了一番。翠翠感到很伤心，一夜都没有合眼。第二天，身体柔弱的她就病倒了。

这时，毛军意识到坏了，媳妇儿的心思太细腻，自己不应该跟媳妇儿抱怨这事。想到这些后，毛军马上采取了补救行动。他先给领导打电话请了两天假以便照顾妻子。然后，他又冲到市场上买了一只翠翠最爱吃的白条鸡，亲自下厨炖好；翠翠嫌买来的药苦，毛军马上利落地奉上糖水；翠翠抱怨家里的床单该洗了，毛军马上拖出了自己从来不碰的洗衣机……

看着毛军的一举一动，翠翠的心里感动极了。她觉得毛军真是自己的好老公。自己不应该再生毛军的气了。

故事中的毛军并不是喜欢做家务的男人，但他为什么要这样做呢？因为他深谙近因效应的强大力量：只要自己在妻子生气的这几天表现好一点儿，妻子很快就会不计前嫌。

开始时，毛军向妻子抱怨，妻子收到了关于毛军带着负面能量的第一轮新信息，伤心得病倒了。而对妻子进行悉心的照顾又形成了关于毛军抱怨发生之后的第二轮新信息。这时，毛军的温馨体贴让翠翠感动不已。由感动生发出的正面能量将之前产生的负面能量覆盖了。毛军就从一个爱抱怨的讨厌鬼变成了一个体贴的好丈夫，翠翠的气也就消了。

既然近因效应如此之妙，那么我们如何做才能将近因效应发挥得炉火纯青呢？

第一，我们要注意自己说话的语序，说好最后一句话。

听锣听声，听话听音。生活中的我们总喜欢把别人说的最后一句话当做他所要表达的重点。这是我们对近因效应最直接最自然的应用。

晚清名臣曾国藩是以安定国家的功绩被大家广为称颂的。其实，在为官初期，他并不是手握重兵的武将，而是两袖清风访贫问苦的文官。直到太平天国起义之后，他办团练开始才转为武官。担任武官之初，曾

国藩并没有什么实战经验,所以总是打败仗。更悲哀的是还要用奏折把自己打败仗的情形一五一十地报告给皇帝。

于是,曾国藩不得不一边强忍自己战败的痛苦心情,一边给皇帝写奏折。当在奏折的末尾处提到自己接连失败的窘境时,他痛苦地写道:"臣屡战屡败。"这时,他的师爷在一旁提醒:"老爷,不是屡战屡败,是屡败屡战。"听到这声提醒,曾国藩猛醒,忙改了过来。奏折呈上去不久,慈禧太后就派人来嘉奖了曾国藩。

这是怎么一回事呢?原来正是"屡败屡战"的功劳。因为通常情况下,人们总会把注意力放在接近结尾的地方。所以如果按照曾国藩的原稿"屡战屡败",就说明曾国藩是个没什么能耐的大草包。而修改稿中的"屡败屡战",说明曾国藩是个意志坚定的将领,虽然遭遇了多次失败,但还是不气馁。最后一句话的重要性和语序的魅力由此可见一斑。

第二,我们还要注意控制好近因效应发生的情境。

同许多其他的事物一样,近因效应也是一把双刃剑。它的即时性和新颖性可以为我们的交往过程带来新鲜血液,也会带来不小的负面效应。

飞鹰是一位非常成功的金融行业创业者。入行十年来,他的事业一直都顺风顺水,规模越来越大,朋友们也都以他为荣。而在一次与华尔街的谈判中,飞鹰却意外落败。这时,飞鹰的朋友纷纷猜测:飞鹰怎么了?是不是江郎才尽,把好运气都用完了?慢慢地一些朋友开始疏远飞鹰。

其实,胜败实乃兵家常事。即使飞鹰之前一直很优秀,他也有可能出现失误。而这次的意外落败却打碎了飞鹰在他们心中保持的完美形象。疏远飞鹰的朋友正是受到了近因效应的严重影响,才判断此次落败就是飞鹰走向下坡路的开始,所以他们才开始渐渐疏远飞鹰。其实,飞鹰还是飞鹰,并没有丝毫的改变,改变的只是大家看他的眼光。

所以,我们如果处在飞鹰的境地,就要学会控制好近因效应发生的

第七章 吸引他人跟随你

情境，我们要帮助身边的朋友树立全面思考问题的习惯。同时，还要引导大家看到近期所发生的事件中积极的方面。只有这样，他们才不会轻易地为近因效应带来的表象所迷惑，才能对我们做出符合实际的判断。

【关键提示】

> 生活中的我们总是喜欢用最近发生的事、最后说过的话作为评价他人的标准。即使知道这样做不免偏颇，但还是乐此不疲。这是人的天性之一，也是人最大的弱点之一。所以，如果我们想要驾驭他人，就要注意不断更新自己在他人心中的形象，说好最后一句话，办好最近一件事。

配套效应:利用对方看重的东西,间接实现自己的目的

你会为一件睡袍而改变自己的家居装饰风格吗?也许你会说,我才没那么傻呢!睡袍只是一件衣服,而且流行趋势变得这么快,我怎么可能会为一件随时会被潮流淘汰的衣服而大动干戈呢?其实,这并非荒诞之谈。哲学家狄德罗就曾因为一件睡袍而把自己的居住环境彻底改变了。

狄德罗是法国著名的哲学家。有一次,一位朋友来到他的家里做客。为了表达对主人盛情款待的谢意,朋友送给狄德罗一件做工精良、图案精美的睡袍。狄德罗非常高兴,马上就把睡袍套在了身上,并且穿着睡袍在自己的家里走来走去。忽然,他觉得好像有点不对劲,但是又说不出来什么。

这种感觉折腾了狄德罗好几天。狄德罗感觉到很烦躁,于是他又在客厅里走来走去。由于走得太急,他一下子没站稳,跌在了地毯上。狄德罗用手撑住地准备起身时,突然感到地毯是那么的粗糙可恶,根本与一个穿着如此高雅睡袍的人不相匹配。于是,狄德罗下定决心换地毯。当崭新的地毯铺到地上之后,狄德罗心花怒放,可是随即又发现客厅中的桌子显得又土又矮,根本配不上这名贵的地毯。于是,一张崭新的桌子又进入了狄德罗的家。随后,狄德罗又产生了新的不满。如此折腾了好多次,直到狄德罗找到与高雅的睡袍相匹配的房子才罢手。

这时狄德罗更加生气了,倒不是因为家居装饰不顺心,而是因为"他居然被一件睡袍胁迫了"。让我们一起回过头来看看,原来狄德罗

第七章 吸引他人跟随你

换掉整个家居装饰最初的起因就是一件睡袍。

有这样一种认识在我们心中根深蒂固。如果我们拥有一件东西，周围的东西就都要与这件东西相匹配。比如穿上西装就要扎上领带蹬上皮鞋；买一个漂亮的狗房子，就一定要养一只名犬；赚了钱就一定要增加消费以便维持自己所在阶层的体面。其实，这些所谓的匹配和狄德罗的睡袍是同样的道理。

当我们得到一件新东西后，为了使它不被我们原有的环境所淹没，我们会围绕这件东西做出一系列的改变，而改变的程度常常是我们始料未及的。这种现象就是我们生活中常见的配套效应，也被称为狄德罗效应。它不仅适用于我们的日常生活，对我们与他人的交往更是有着相当程度的影响。如果我们能够掌握他人看重的东西，就有可能成功地利用他人的配套心理来间接实现我们的希望，并可以不着痕迹地驾驭他人。

卡特先生有一幢漂亮的别墅，为了毫无牵挂地搬到纽约去，他决定卖掉房子。周围的邻居谁能有这个实力买下房子呢？卡特先生早就心中有数，这个买家非凯特夫人不可。可是凯特夫人最近刚买进了一片地产，不大可能再次出资收购卡特的别墅。这该怎么办好呢？突然，卡特计上心来。

第二天，卡特来到了凯特夫人的家中，诚挚地向凯特夫人道别："亲爱的夫人，我的好邻居，我要搬到纽约去住了，今后我们就不能经常见面了。这真让人伤感。为了表达我对您的敬意，请您接受我那只漂亮的白色小艇。我深知您对它的喜爱，请您务必收下。"凯特夫人盛情难却，收下了小艇。

因为凯特夫人确实非常喜爱这只小艇，一连几天都乘着小艇出去游玩。但是凯特自己的庄园却没有驳船的地方，只好借卡特的船坞靠岸。卡特看到凯特夫人这样不方便，就允许她随时可以在自己的船坞停船。凯特夫人非常高兴。

没过几天，卡特哭丧着脸来敲凯特夫人的门："亲爱的夫人，后天我就要搬走了。我的房子准备卖给一个新奥尔良人，他出的价码很令我满意。但是，他不允许您继续在船坞停船了。无论我怎么哀求他，他都不答应。这可怎么办呢？您是那么爱那小艇。如果它成了摆设，您该多么伤心呀。"

卡特的一席话正说到凯特夫人的心里。凯特夫人的经济实力比卡特要雄厚得多，她的庄园也比卡特的别墅富丽堂皇，美中不足的就是没有停泊靠岸的船坞。一段时间以来，凯特夫人每天驾着小艇出海已经适应了这种生活，如果她的小艇成了摆设，她会异常难过的。不，她绝对不允许这样的事情发生。于是，凯特夫人对卡特说："卡特先生，你的房子需要多少钱呢？我要出比那个新奥尔良人的出价多50%的价码来买下你的房子。我的小艇不能没有那个船坞，而那个船坞也不能没有那座房子。"

最终，凯特夫人买下了卡特的房子，得到了她的船坞。而卡特也带着大笔资金搬到纽约去了。

故事中的卡特就是一个运用"配套效应"的高手。他先是抓住了凯特夫人的弱点——小艇，将小艇送给了卡特夫人。这就是倒下的第一张多米诺骨牌。接着后面就发生了一系列的连锁反应。

小艇需要一座船坞来停靠，而凯特夫人的庄园并没有船坞。这时，卡特将自己的船坞无条件地借给凯特夫人使用。这样的配套设施让凯特夫人十分满意。这是倒下的第二张多米诺骨牌。

虽然在前两张多米诺骨牌倒下时，卡特并没有见到什么实在的利益，但实际上主动权已经牢牢地掌握在卡特手里。当卡特提出房子的新主人不愿意出借船坞，要打破小艇、船坞、房子之间的配套平衡时，凯特夫人最终出手买下了房子。

配套效应的魅力由此可见一斑。

当然，纯熟地运用配套效应也需要一些智慧，下面就为大家介绍一下：

第七章 吸引他人跟随你

首先，我们要发掘出他人看重的东西。

每个人都有很多看重的东西，不只有物质利益，还包括名声、信誉等精神方面的东西。我们在观察他人时一定要注意二者不可偏废其一，不能用自己的主观想象来代替实际情况。

其次，我们还要努力构建起我们的目的与他人看重的东西之间的桥梁。

事物都是普遍联系的。我们不仅要了解他人看重什么，更要了解围绕他人看重的东西之间会发生哪些横向纵向的联系。这样，我们才可以将我们的目的与这些网络进行比照，才能最终构建起我们的目的与他人关注点二者之间的桥梁。

另外，有些人看重的东西可能会不断地发生变化，对此我们要密切注意，随时调整我们的策略。

每个人都渴望拥有完美的东西，如果缺少其中的某个物件我们就会觉得不舒服，人们心理上的"配套效应"正是如此产生的。正是出于对完美的追求，我们才会心甘情愿地掉进追求完美的陷阱中。如果你想影响某一个人，让他为实现你的目标而努力，不妨去找一件他看重的东西吧。

【关键提示】

每个人都不完美，因此每个人都渴望完美。而配套效应就是我们渴望完美心声的真实写照。为此，在与他人的交往过程中，我们要睁开自己的慧眼，努力去发掘他人看重的东西与我们的目的之间的交汇点。唯有如此，我们才可以轻松地让他人为实现我们的目标而贡献力量。

二选一效应：给对方两个选择，让他无从挑剔

很多时候，我们总是为选择过多而烦恼。在与人交往过程中，如果对方提供给我们的选择余地很大，我们反而不知该如何是好；如果只能在两个选项中选一个，我们就会迅速做出判定。

赵方约周凯一起出去吃饭。当他们走到一家饭馆门外时，马上就被店内琳琅满目的菜品吸引住了。于是，他们决定在这家店开始他们的饕餮之旅。服务员对他们非常热情："您两位二楼的雅间请，我去拿一下菜单。请问二位是喝茶还是喝饮料？"赵方想了一下："还是喝饮料吧。有冰的吗？天气怪热的。"服务员拿来了菜单，并为他们端来了两杯冰饮料。

两人点了六个菜，准备大吃一顿。此时，服务员又问他们："两位的主食是吃馒头还是吃米饭？"周凯不假思索地说："米饭吧。"

"那甜点选哪一种呢？是西瓜还是雪梨。"

"雪梨就好。"

服务员拿着点好的菜单走了。赵方和周凯一边吃，一边笑言服务员还挺有意思。40分钟之后，饭桌上的菜被二人风卷残云般地吃完了。两人抚着饱饱的肚子准备休息之后就结账离开。

这时，他们所要的米饭和甜点端上来了。可是他们的肚子再也没有多余的空间可以装下它们了。无奈之下，只好打包带走。随后服务员送上了账单。他们结账离开。

几天之后，他们的另外两个朋友也慕名去那家饭馆吃饭，点的菜和

第七章 吸引他人跟随你

他们那天一模一样。结果朋友的账单却比他们少了五十块。这是为什么呢？原来朋友只吃了菜，并没有要饮料、主食和饭后甜点。

其实，为赵方和周凯上菜的服务员就是一个运用"二选一"原则的高手。在他为周赵二人服务的时候，服务员用了三次"二选一"。第一次，他问二人是喝茶还是喝饮料。这让二人以为只有这两种选择。二人权衡之后，决定选饮料。其实，他们可以选择喝免费的白开水，还可以选择不喝。后面的两次一次是问主食，一次是问甜点。二人同样可以选择不要。但是，由于服务员用的是"二选一"的提问方式，二人的思考方式就被限制在"一还是二，必须选一个"的怪圈中，没想到还有一条可以两者都不选的第三条路可以走。这样，他们就掉进了商家事先设计好的陷阱当中去了。

这种利用人们的思维局限，以二者择一的方式使他们尽快做出决断的现象，就是我们生活中常见的二选一效应。在与他人的交往中，如果我们能只给对方两个选择，并且将两个选择的结果都掌握在我们自己的手中，我们就可以成功地驾驭他人了。

下面我们就给大家说说怎样发挥二选一效应的力量。

1. 我们可以利用他人的思维定式来设定这两个选择。

每个人的头脑中都存在着一定的思维定式。它是人们思考问题时的一盏指示灯，既可以帮助人们解决一定的难题，同时也会给自己制造一些盲点，从而形成思维上的死角。在与他人交往时，我们就可以充分利用他人思维上的死角。

比如我们只给他们两个选择，他们会觉得这件事的解决方式只有两种，非 A 即 B，而很少去考虑其他的方法。

2. 设定的这两个选择必须在我们的掌控之内。

这与我们的终极目标相关。既然要驾驭他人，我们就要考虑各种情况出现的可能性，并挑选最有把握的可能作为可供挑选的选项。这样，无论他们选择了哪一个，都能确保我们的终极目标得以实现。

3. 我们还需要注意一下两个选择提出的顺序。

人们在遇到有所选择的时候，更加偏爱以后面的选择作为自己决定的依据。所以，我们在设定两个选项时，不妨将自己希望对方选择的放在后面的位置上。

比如在商店里，当一位顾客买了许多东西正要回家时，如果你问他：

"要我帮你送过去呢？还是亲自拿回去呢？"

这时，大多数顾客听了之后，就会回答：

"还是我自己来好了。"

总之，我们每个人都渴望得到对我们而言最有利的东西。而"二选一效应"破坏了这种向往，给我们带来了进退两难的困境。所以，如果你想驾驭某人，不妨先给他设定一个自己可以全盘掌控的两难选择吧。

【关键提示】

"二选一"其实是利用人们的思维定式设定的一个陷阱。如果我们匆忙地从二者之间做出抉择，就会落入被他人驾驭的圈套。为此，如果我们想要驾驭他人，就要想方设法扰乱他人的思路，从而使他们在不知不觉间走进我们设定的"陷阱"中。

第七章 吸引他人跟随你

皮格马利翁效应：鼓励可以产生奇迹

经常受到鼓励的人会更加自信，甚至会完成一些自己也认为神奇的事情。而不断受到打击的人则会越来越萎靡不振。如果在与他人的交往中，我们能够很好地运用鼓励这个武器，也许奇迹就会发生。

在古希腊的神话里，有一位年轻的国王叫做皮格马利翁，他非常喜欢雕塑。有一次，他得到了一块精美的象牙。这块象牙可以用来做些什么呢？经过思考，皮格马利翁决定按照自己的心意把象牙刻成一个美貌少女的塑像。很快，少女的雕像完工了。她和皮格马利翁心中的女神长得一模一样。皮格马利翁对这件作品非常满意，他每天都要对着少女像诉说许多赞美的话，并希望她可以变成真人成为自己的妻子。皮格马利翁的诚心感动了天神。有一天，一觉醒来后，他突然间发现自己热爱着的少女活过来了。皮格马利翁的热切期望与赞美让少女从雕像变成了真人，这就是正面的鼓励和评价创造的奇迹，我们将这种奇迹称为皮格马利翁效应。

期望者能够通过热切的期望和鼓励对被期望者产生一种强烈而积极的心理暗示，而这种积极的心理暗示会使被期望者努力去达到期望者的预期要求。俗话中所说的"说你行，你就行，不行也行。"这就是皮格马利翁效应的最佳体现。

在我们与他人的交往中，皮格马利翁效应可以帮助我们使他人成为我们期望中的伙伴，并使他们成为我们忠实的信徒。那么我们应该如何运用它呢？

首先，我们要在头脑中画出一幅蓝图，确定我们需要怎样的合作者。

冯伟是一家软件公司的新员工。来到公司三个月了。他还没有做出一款令顾客满意的软件。眼看就要到月底了，公司要在月底对新员工进行一轮考核。冯伟很担心，怕自己会过不了关。

这时，不仅冯伟急得火烧眉毛，冯伟的主管王明也很着急。虽然这三个月来，冯伟并没有做出令客户满意的软件，但是从他设计的作品中可以看出来思路还是非常新颖的，只是没有掌握好方法。如果冯伟一旦成熟就会成为自己的得力助手。考核就要来了，该怎么办才好呢？王明陷入了沉思。

经过了两天的苦苦思索，王明终于想出了办法。于是，王明先去找了经理。他告诉经理，由于自己这次交给冯伟的案子比较复杂，而且客户要求高，所以必须精益求精。按照预定计划，这个案子要下个月中旬才能完成。如果在本月月底就对冯伟进行考核，似乎对冯伟不够公平，能不能待这个案子完成之后再对冯伟进行考察。经理想了一下，觉得确实如此，就同意了。

然后，王明又找到了冯伟。冯伟还在发愁。看到冯伟还在愁眉不展，王明笑呵呵地问："怎么啦？在为月底考核的事发愁哪？"冯伟点点头。

王明故意不往下说，而是换一个话题："这次的案子怎么样？月底能完成吗？"

冯伟一脸苦瓜相，摇摇头。

"这可怎么办呢？"王明使了个小坏，故意问道。

冯伟使劲地揪了揪自己的头发。

王明看到冯伟为难的模样，决定不再逗他了。"不要担心了，我已经跟经理谈过了，你的考核可以等到这件案子完成之后再进行。所以，你就安心地做案子吧。我相信你一定可以的。"

第七章 吸引他人跟随你

随后的日子里,冯伟的耳边总是响起王明的声音。

"嗯,这个思路不错!我怎么都没想到呢。"

"这个想法太棒了!绝对的顶尖水平。"

"这个方法很对头!你终于突破了自己,我真为你高兴。"

……

直到案子结束,冯伟也不知道到底听了王明多少这样赞美的话。无论是对这个案子,还是对自己的业务水平,冯伟都充满了自信。他坚信自己的设计一定能顺利通过,自己也一定会长久地留在公司。果然,冯伟的两个愿望都实现了。这时,一旁的王明笑了。

在这个故事中,主管王明的目的很明确,就是要让冯伟成为自己的得力助手。而以冯伟当时的情况来看,他所欠缺的不只是方法,还有自信。所以,王明就从指导工作方法和树立信心两方面入手对冯伟进行鼓励,并对冯伟寄予了热切的期望。而冯伟在接收到这些信息后,心态变得积极起来。最后他真的做到了。

其次,我们还要以充满积极暗示的语言来鼓励他人。

在我们利用他人的评价进行自我认知的时候,积极暗示就已经发挥过作用了。他人评价中包含的那些信息会在潜意识中对我们产生相当大的影响。如果传达的是积极正面的信息,我们接收到的就是积极正面的心理暗示。如果传达的是消极负面的信息,我们接收到的就是消极负面的心理暗示。而积极正面的心理暗示才能使我们自强自信。所以,在与他人的交往中我们要善用积极的暗示。

另外,我们还要注意别因自己情绪的波动,以消极负面的语言去诋毁他人。

消极负面的语言会触发人心底里的负能量。而负面能量的扩散会生成一种消极的情绪。当与他人进行交流时,如果我们从对方身上感受到消极情绪,马上就会生出反感来。对方的消极情绪很快就会扩散到我们身上来。所以说,在与人交流时,我们要特别注意不要成为负面语言的扩音器。

我们每个人都喜欢和能够鼓励我们的人在一起,因为他们会带给我们满满的自信和奋斗的力量。所以,如果你想要他人成为你的忠实助手,不妨从现在开始多多奉上你对他的鼓励吧。

【关键提示】

适度的期望和恰当的鼓励就像阳光一样,会在他人心中形成积极的心理暗示。人们也会随着阳光的脚步成为阳光的忠实信徒。所以,我们不要吝惜对他人的肯定和鼓励,在对他人的赞美和鼓励过程中,很有可能会有一个伟大的奇迹在等着你。

第七章 吸引他人跟随你

登门槛效应：先得寸，然后再进尺

一般情况下，大多数人都不会拒绝人们提出的无伤大雅的小要求。而其后如果那些向我们提出小要求的人再次提出较大的要求时，我们竟然也会鬼使神差般地答应。连我们自己也很惊讶，原本我们并没有准备答应别人这类事情啊！

其实，这种现象就是我们生活中常见的登门槛效应，又称为得寸进尺效应。它是指一旦接受了别人一个比较小的、看起来对自己无害的要求之后，为了保持自己在认知上的一致，并维护在别人心中前后一致的完美形象，很有可能会接受别人提出的更大要求。这就好像我们在登门槛，只有从低处开始一级一级地向上登，才能更顺利地到达高处。

在与他人的交往中，如果我们想要他人帮我们达成某种心愿，不妨先提出一些比较小的、看起来无害的要求，然后再逐步提出符合自己最终期望的要求。这样不仅有助于我们心愿的达成，还能有效地对他人施加影响。不过，必须注意提出要求的顺序。

经济大萧条使莱昂的生活发生了很大的变化。不久前，莱昂失业了。现在的他靠到处打短工来维持自己的生计。有一天，他走到了俄勒冈州的一个村子里。当走过一家农户的门前时，他发现女主人正在做饭。长途跋涉的莱昂又累又饿，偏偏这时候他的肚子叽里咕噜地叫了起来。但他明白在目前的状况下他从别人那里获取食物的可能性很小。这该如何是好呢？

忽然，莱昂灵机一动，有了办法。只见他大步走到了农户家门口，恭恭敬敬地给女主人鞠了个躬，然后开口道："太太，您好。请问您能借给我一口锅吗？我想煮一碗石头汤来喝。它真的是特别地美味。"

"石头汤？"女主人很惊讶，也很好奇。于是她借给了莱昂一口锅。莱昂从村边捡了一块石头洗干净，然后放到了盛满水的锅里。水快开了，莱昂又请求女主人给他一些盐做调味品。女主人想都没想就答应了。后来，女主人又先后给了他一些菜叶，甚至是一些肉末儿。时间不长，石头汤就做好了。莱昂把石头捞出来扔掉，然后美美地喝起了汤。

看完莱昂的故事，我们会不禁发出一声感叹：莱昂太聪明了。他很清楚，在当时的情况下，如果他直接请求女主人给他一碗汤喝，肯定会遭到拒绝。所以，他调整了一下自己要求的顺序。先是请求锅，再是请求盐。这两点都是非常好做到的，没有什么难度。

但是正是这两个小小的要求在女主人心中建立起了一种责任感。所以，后面的菜叶和肉末也不能被拒绝。可如果莱昂先向女主人提出肉末和菜叶的要求，那么他就根本没有可能有美味的汤喝了。

同时，我们还要考虑所提出要求的可操作性，善于根据他人的承受能力进行调整。

在马斯洛的需求理论中，每当低一级的需要被满足时，人们自然就会产生高一级的需要。而"登门槛效应"就是针对人们需求的不断变化这个情况而出现的。当我们一下子将最终目标提出来的时候，无论人们是否已经达到这个层次的需求，都会觉得自己的领地被狠狠地侵犯了，心中不由自主地就会生出拒绝的念头。

这时，我们就必须调整我们所提出要求的可操作性了。怎样才能让人们减少心中的戒备呢？只有从那些对他们来说最无害的方面入手才行。如果你是一位服装经营商，不妨先和他们谈谈怎样着装打扮才能让他们看起来更精神；如果你是一位保险推销员，不妨先和他们谈谈怎样健身养生；如果你是一位出版公司的经营者，不妨先和他们谈谈什么样的书最为畅销好读。

第七章 | 吸引他人跟随你

只要我们提出的要求看起来对他人不构成威胁，并在他们的承受范围之内，他们就很容易进入登门槛效应的循环。我们也就能够通过影响他们的思想和行动最终达成自己的愿望。

另外，我们还要考虑各种可能发生的情况，在提出我们的要求时坚持适度原则。

登门槛效应是建立在人们想要在他人心中留下完美印象的基础之上的。如果我们提出的要求超过了他们的能力范围，他们也可能会拒绝我们的要求。适度原则是登门槛效应发挥作用的重要前提。

每个人都喜欢被他人尊重和感激。因此，如果人们提出的请求在我们的能力范围之内，而且对我们本身没有什么危害时，我们总是会爽快地答应。而此时，正是"登门槛效应"发挥作用的最佳时机。如果我们想要轻松地影响他人，不妨从与他人相关而又对他们绝对无害的问题开始谈起。

【关键提示】

> 古人常说：得寸进尺。登门槛效应就是这样一种得寸进尺的行为。为此，与他人交往时，如果我们想要对方满足我们的某个愿望，一定要注意所提出要求的大小和难易程度。同时我们还要将"先得寸，后进尺"作为自己秉承的原则。

饥饿疗法：制造"得来不易"感，让对方愈加珍惜

饿了吃糠甜如蜜，饱了吃蜜也不甜。吃东西如此，与他人交往同样如此。当我们与陌生人接触时，往往最先看到的都是他们的优点。此时，我们难掩心中的兴奋，新朋友的出现就像是给我们本来平静的生活加入的一丝活水。

而当这个陌生人逐渐变成我们的老友时，我们会逐渐发现原来他身上的缺点还蛮多的。比如，总是标榜成大事者不拘小节，什么小事都不肯亲自去做啦；喜欢占小便宜啦；把打击别人当成家常便饭啦。这时，我们觉得原来他也不过如此。于是开始等待生活中另一丝活水的到来。当新的"源头活水"到来之后，随着他与我们的逐渐熟悉，又会重复他到来之前发生的故事。

这种开始的时候感觉什么都好，随着时间的推移而逐渐丧失新鲜感的现象，就是我们生活中常见的饥饿效应。它使我们不断地追逐新鲜感，只有保持新鲜的状态，我们才会保持对事物的兴趣。所以，在与他人交往时，我们需要制造一些"来之不易"的假象，这样他们才会对自己得到的东西倍加珍惜。

前段时间，李文的公司受金融危机的影响破产了。曾经风光一时的李文现在很狼狈，不知道该怎么办才好。经过两个星期的冷静思考，李文决定借一笔钱重新创业。找谁借好呢？李文脑海里马上显出了好友许方的脸。

事不宜迟，李文马上来到了许方家。一见许方，李文就说明了来

第七章 吸引他人跟随你

意,并用热切的眼神望着许方,希望他快点答应。而许方却是不慌不忙,问起了李文以后的打算,并问起了李文今后的规划。见许方如此不热心,李文只好寒暄了一阵就回家了。

急得火上房的李文又跑了一个星期的银行,银行银根紧缩,如果没有担保人不能贷款。为此,李文第二次找到了许方。可许方还是和上次一样,问李文今后有什么打算,说实在话,李文只想筹集一笔钱去深圳再干老本行。可是,又怕许方不相信他还有这种创业的气魄,所以,只模模糊糊说要去深圳发展。许方见李文躲躲闪闪的样子,也就没有多问,但是也没有借钱给李文。

还是筹不到钱。李文都要崩溃了。十天之后,李文再次来到了许方家。他发誓如果借不到钱他就不走了。这次一见面,他就告诉了许方自己的打算,让许方看着办。没想到,许方却笑了起来,递上了早已准备好的存折。这时候,李文愣住了。

为什么这次许方决定借钱给李文了呢?因为许方深谙饥饿效应的效用。他明白对于一个破产的人来讲最大的希望就是能够东山再起,但是至于怎么东山再起却很少有人计划过。所以好多谋求再次创业的破产者并没有创造出自己梦想中的财富,而是将再次筹集的资金打了水漂。基于这一点,许方在借给李文钱之前总是问他的规划如何。同时,如果许方轻易就把钱借给了李文,李文会因为这启动资金来得太容易而不加珍惜。所以,许方才会故意"折磨"李文,直到第三次才借钱给他。

很多时候,对于容易得来的东西人们总是不珍惜,新鲜感一过就抛诸脑后。而如果我们能够恰当地利用饥饿效应,给他人制造一种"来之不易"的感觉,我们就不会在付出真心的同时,收获伤心了。

下面我们就教大家一些利用饥饿效应掌控他人的方法:

第一,我们可以稍稍提高答应他人请求的门槛,为他人印象中比较容易达成的愿望增加一些难度。

每个人的能力有大有小,但是总有自己力量达不到的死角。这时,

我们就要放下高傲去请求他人的帮助，再厉害的人也不能做到万事不求人。而当我们去请求他人帮忙时，心中总带着一种期望，那就是希望他人快点满足我们的愿望。

正是基于以上的事实，所以当他人有求于我们时，我们不妨稍稍抬高一下答应他们请求的门槛，因为轻易出手会让双方都陷入泥潭。一来求助者会因为得来容易而不珍惜得到的，二来提供求助者会因为求助者的不珍惜而心灰意冷。

不过，我们在稍稍抬高答应他人请求的门槛时，一定要注意高度的把握。虽说拉开弓箭要用力，但是用力过猛就会将弓弦也拉断了。提高答应他人请求的门槛也适用于同样的道理。我们的度要设定在求助者可承受范围之内。

第二，我们应以细水长流的方式与他人合作，使他人逐步建立起对合作事物的感情。

人们总是对自己付出越多的事物感情越深。一旦涉及到他曾经非常重视的事物，他就会紧张异常。如果非要让他做出决断是否放弃这一事物，他大多数情况下会选择坚持。这就是人们对来之不易的事物的珍惜心理。而我们就可以趁此机会，成为驾驭他们思想的人。

人天性好奇，对于新鲜的东西，我们总会一见钟情，并且想很快拥有。而当新鲜感退去，我们又会对它毫不在意。而"饥饿效应"就是人们这一天性的产物。所以，如果你想有效地驾驭他人，不妨先从提高新鲜的保质期开始做起。

【关键提示】

> 新鲜的东西总会引发我们无限的钟爱。而当新鲜变成了常态，我们又会很快厌倦。所以，如果我们想要驾驭他人，就要不断地去发掘能够吸引他们的新鲜事物，并制造陌生化效应。唯有如此，他人才会低下高傲的头颅，主动进入由我们全盘掌控的交际之网。

第七章 吸引他人跟随你

对比效应：打击，就是用"更好的"去与对方比

生活中的我们还像小孩子一样，喜欢比这比那。当我们去饭馆吃饭时，我们吃着自己碗里的，还会用眼角的余光瞥瞥别人桌上的；当我们去逛街买衣服时，我们买下了自己中意的衣服，还要不断地比较和它同类的其他衣服；当我们决定和自己挚爱的人共度一生时，我们还要不停地拿他和自己朋友的爱人比较。

这种比较贯穿在我们的整个工作和生活中，而且我们对于事物的大部分认知正是从这些比较中得来的。每当我们面临一项新的抉择时，也习惯用比较作为评判标准。

一位铸砂厂的推销员曾经好几次试图制造机会去拜访一家铸铁厂的采购科长，可是采购科长却总是找来各种各样的借口，避而不见。推销员越发地执著，直到很久之后，采购科长才终于答应可以拿出5分钟来与推销员会面。

在推销员到来之前，采购科长一直在想如此执著的人会用怎样的话语来说服自己。没想到，推销员来了之后并没有急于开口讲话，而是一声不吭地拿出了一张报纸，然后又从随身携带的皮包中取出一包砂。科长正要开口询问时，只见推销员突然间将这包砂全部倾倒在报纸上。一时间，屋中尘土飞扬，科长也大声地咳嗽起来。面对这如此无理的行为，他异常气愤，于是就大声质问推销员："你疯了吗？你究竟在干什么？"

听到质疑声的推销员却不慌不忙，从容地回答道："这就是贵

公司目前所用的砂样本，是我上周从你们生产车间的主任那里拿到的。"

说完，推销员又在地上铺好了另一张报纸，并再次从皮包中取出一包砂，随后倾倒在报纸上。出人意料的是这次竟然没有出现上次那种尘土飞扬的场面。本来还余怒未消的科长显出了惊讶异常的表情。

接着，推销员取出了两种产品的样品，进行了一番关于外观、硬度和性能上的讲解。刚才对比鲜明的两种产品令科长记忆犹新。就这样，推销员巧妙地说服了科长，拿到了订单。

故事中的推销员正是利用了人们爱比较的心理赢得了订单。这种同一种心理刺激因为背景不同而产生感觉差异的现象就是生活中常见的对比效应，也称为感觉对比。它不仅帮助我们在商业领域大显身手，更是我们在社交领域的好帮手。善用对比效应可以更好地突出自身优势，取得与他人交往时的主动权。不过，要想使对比效应发挥出应有的威力，还是必须掌握一些方法的。

首先，我们要拥有自己独一无二的优势，如此方能保证自己在即将进行的比较中占据绝对优势。

打造独一无二优势的过程就是打造个人品牌的过程。这是一个相当有学问的技术活。我们如果不能表现出其他人所没有的优点和长处，就会"泯然众人矣"，就会失去吸引他人关注的立足点。所以，确保自己的绝对优势这一点至关重要。

其次，全力以赴突出自己的特色也是非常重要的。因为人们总是能记住最有特色的人或物。

袁晓莉是某传媒大学播音主持专业大四的学生。她外貌并不出众，个子高挑，皮肤黝黑，是女生中的男人婆，男生的好哥们儿，而且嗓子天生略带沙哑，她的条件一直不被老师们看好，只是由于对主持人行业的满腔热爱，让她通过三次高考，三次全力以赴，终于如愿以偿。

第七章 吸引他人跟随你

在大学快毕业的时候,学校照例有一次主持人大赛,会与一些全国知名的电台、电视台联合举办,这就成了学子们与电视台的一场选择会。

袁晓莉很看重这场比赛,她知道工作只能靠自己去争取,虽然所有人不看好她,但她对自己有信心。

经过几轮厮杀,袁晓莉和另外9名同学走进了决赛。其中的男士都西装革履,英俊帅气,嗓音充满磁性,女生娇柔美丽、举手投足优雅大方,说话清新甜美。决赛节目自由选择,很多人都选择了新闻播报、访谈类节目,也有两位选择了娱乐节目,袁晓莉最后一个出场。

前面每位学生都有备而来,台词非常漂亮,表演也很精彩,赢得了现场观众的一阵阵掌声。等袁晓莉出场时,只见她穿着一套黑色镶嵌金色亮片的燕尾服,头戴小礼帽。走上台来,手持礼帽深鞠一躬后,便开始高谈阔论,从现场到时事,从历史到未来,从国内到国外,现场组织语言,现场发挥,恰如行云流水,信手拈来,博学风趣,特别是她沙哑的嗓音使幽默的效果更增加了几分,引得大家一次又一次地哈哈大笑,而她对事件的评价又让现场很多人深思良久。

评分时,评委们一致认为这个有个性、博学、擅长脱口秀的小姑娘是最优秀的。

这就是对比效应带来的效果。它的前提是,袁晓莉确实具备别人不具备的素质,当然这里指的不是她的嗓音和外貌,而是她的知识储备、现场发挥能力、风趣幽默的性格,这些差异化的特点,使得她和前面所有的参赛选手形成了非常鲜明的对比,从而给评委和观众留下了最深刻的印象,赢得了比赛的胜利。

最后,我们还要注意打好心理素质这张牌。

稳定的心理素质将会为我们孕育出和谐的生活环境与独特的气场,而这些将帮助我们吸引更多人的目光,掌握社交中的主动权。

每个人都希望自己能够拥有最好的东西,所以人生中的比较从未停止过。对比效应也诞生在不间断的比较中,它为人们的比较提供了一个范本。我们如果能用对比效应提供的范本进行比较，突出自己"更好的"一面，就可以像故事中的推销员和袁晓莉一样成功地引起他人的注意，成为社交和人生中的赢家。

【关键提示】

> 世人常言：人外有人，天外有天。最好的东西永远都是与时限性息息相关的。所以，在人际交往中无须苛求最好，只需要善于突出自己的品牌，用"更好的"去与对方作比较，我们便可以在交往时在他人心中留下深刻印象，赢得交往中的主动权。

第八章
搞定难对付的对象
——看人下菜碟，天下没有不能交的人

大千世界，芸芸众生，色彩斑斓，不一而足。有的人性格死板，有的人傲慢无礼，有的人城府极深，有的人自私自利……鲜明的个性让人们对他们很难忘怀。但是，在与他们相处时，他们的个性又像一座难以逾越的大山，尽管我们绞尽脑汁，彼此之间的关系却没有丝毫的进展。面对这样的人，我们该怎么做呢？不要着急，本章马上就来给大家支招，教你轻松搞定最难对付的几种人。

对性格死板的人，要挖掘他的关注点

每个人都有自己不同的关注点。大家也因为关注点的不同而性情各异。有一类人就喜欢认死理，总是守着死板的旧形式和旧习惯不知变通。在与他们交往时，我们也曾试图用一些新颖的东西去影响他们，结果却总是收效甚微。这是怎么回事呢？

原来性格死板的人最重"规矩"二字。规矩是他们为人处世的基本法则，只要是规矩规定的，他们就不敢越雷池一步，一定会严格执行。即使心中有所触动，也会极力忍耐，直到自己在现有规矩的范围内找到平衡为止。他们拥有一流的执行力和意志力，但是却不懂得变通。

他们在稍微新颖一些的观点面前都会变得手足无措。可新颖的观点总在动态地发展，并没有现成的规则可以借鉴。这可害苦了性格死板的人。他们就像不小心迷路的孩子，离开了指南针，就找不到回家的路了。

所以，在与他们相处的过程中，我们要注意不要用一些过于新颖的观点去刺激他们，而要想办法挖掘他们的关注点。

詹姆斯是录音带时期广播界的佼佼者。可就在他临近退休的时候，广播迎来了直播时代。詹姆斯没有经过合成的声音就显得沙哑而缺少感召力，显然已经不能适应直播的要求了。所以，台里安排詹姆斯去做一些幕后工作，不再让他去播音。改做幕后工作的詹姆斯变得很颓废，整天唉声叹气。

这时，广播台来了一个充满朝气的小伙子卡梅隆。他是名牌大学传媒系毕业的高材生。刚到公司就被派到了直播间,担任三档节目直播时的导播。

时间过得很快,转眼卡梅隆来到广播公司已经三个月了。这三个月来,除了学到了很多专业知识外,他还发现了一个怪人——詹姆斯。每当他主持节目的时候,詹姆斯总会在直播间外面静静地听着,一边听还一边抹眼泪。卡梅隆决定搞清楚这是怎么回事。

知道内情的同事告诉卡梅隆,詹姆斯是录影带时代的广播英雄,因为不适应到来的直播时代而改做幕后工作,而卡梅隆接替的正是詹姆斯的工作。从此之后,卡梅隆总是有意识地跟詹姆斯接触,但詹姆斯似乎总是躲着卡梅隆。

后来,卡梅隆想起自己播音时詹姆斯那充满哀伤的眼神,又联想到其他同事提及的事情。于是,他提笔给詹姆斯写了一张便条:"亲爱的詹姆斯:我刚来公司不久,对于播音方面的东西掌握得极为有限,不知你有没有时间能够指导我一下。卡梅隆。"

与前几次的冷淡不同,詹姆斯很快给卡梅隆回了信:"我很愿意。"

于是,在周日休息的晚上,他们二人进行了彻夜长谈。

不久,由卡梅隆提议,广播公司出了一期特别节目,内容是回忆录音带时代的广播,主持人是詹姆斯,采用的是录播形式。特别节目播出后不久,詹姆斯就退休了,但是他永远难忘卡梅隆为他做的一切。

故事中的詹姆斯就是一个典型的性格死板的人。他是录音带时代的广播英雄。但是随着直播的兴起,习惯了录播的他已经无法适应直播时代的来临,属于他的时代已经过去了。

卡梅隆在得知詹姆斯的情况之后并没有嘲笑他,也没有劝他去接受新生的直播时代。他采取的方式是从詹姆斯最想做的事情入手,通过和詹姆斯的交流,卡梅隆确定詹姆斯最大的愿望是退休之前再主持一期节目。所以,就有了那期精心安排的特别节目。詹姆斯也因为卡梅隆尊重自己的意愿而永远感激他。

其实,很多性格死板的人并不是真的如铁板一块或死水一潭,他们只是不知道该用何种方法与人交往。若我们能真心了解他们的喜好和短长，自然能让人际关系更上一层楼。

与性格死板的人交往时，我们还要特别注意自己的言辞，不能疏忽大意。

性格死板的人不仅重视规则，而且注意细节。当我们和他们进行交往时，他们往往会就我们话语中的某个细节发表个人看法。一句普普通通的话，都可能会引起他们无名的怒火。不仅如此，这句话还有可能生发出很深的心理隔阂。所以，我们在与性格死板的人交往时，一定要注意想清楚之后再说，做到字斟句酌，不胡乱讲话。

另外，我们还要避免一种偏见，性格死板的人和思想僵化的人不能画等号。

这两类人虽然都不善于变通，但却有本质上的不同。性格死板的人关注的只是是否遵守规则的问题。当新颖的观点结束探索期成为既定的规则之后，性格死板者还是会执行不误。而思想僵化的人却是旧思想的殉难者，充满创意的新思想永远是他们的死敌。

"半亩方塘一鉴开，天光云影共徘徊。问渠哪得清如许，为有源头活水来。"我们只有挖掘性格死板者的关注点，催动他们心中的一池活水，才能享受与他们亲密相处的美好时刻。

【关键提示】

> 每个人都喜欢被别人捧在手里的感觉，性格死板的人也不例外。所以，在与他们的交往中，我们要多多了解他们的兴趣爱好，多注意恰当地赞扬他们的优点。如此，他们就会慢慢地向我们敞开心扉，不会再守着自己人为制造的一潭死水了。

对傲慢无礼的人，要尽量减少沟通时间

"谦谦君子，温润如玉。"这是很多人涵养品格的一个立足点。而有一类人却偏偏相反。他们总觉得谦和温婉的人是一群弱者，而强者就是要有派头儿，头一定要高高昂起，对别人一定要持蔑视的态度。如果有人同他们讲话，是否回答还要看自己的心情。同他们这样傲慢无礼的人交往，我们总会心中没底。

其实，最让人头疼的还是我们无法应对他们咄咄逼人的气势。无论是在谈吐上，还是在行为方式上，他们都会让自己显得异常强势。另外，傲慢无礼者还喜欢对他人的薄弱环节穷追猛打，没有任何思想准备的我们很容易惊慌失措，疲于应付。我们该怎么办才能摆脱这种窘境呢？这就需要我们在与傲慢无礼的人交往时，尽量减少与他们沟通的时间。

有一天，姜楠去和一个别人介绍的男孩子约会。据介绍人说，这个男孩子才华横溢，在工作单位还是业务骨干。姜楠很兴奋，对这次约会充满了期待。很快，她就来到了约定的地点——咖啡馆。远远地，她就看到有一个眉清目秀的男孩子在东张西望，好像在找人。姜楠见状赶紧加快了脚步。

果然那个男孩就是她要见的人。姜楠不知不觉中就对这个帅气的小伙子"一见钟情"。两人打了招呼后，男孩子拉开了咖啡馆的门，姜楠正要往里迈，男孩子却自己先进去了，而且还把门弄出了很大声响，引起了咖啡馆内人们的侧目。姜楠心生失望，但打算给自己一个机会，决定再看看。

第八章 搞定难对付的对象

叫来了咖啡,两人慢慢地喝着。因为刚才在门口发生的事,姜楠首先找话题:"听说你上学时学的是中文?"姜楠问道。

"当然。"虽然只说了两个字,男孩子的嘴角马上扬起,一副重要人士的表情。

"那你比较喜欢哪个作家呢?"姜楠继续硬着头皮问道。

"我最喜欢塞林格了,他最有名的作品就是《麦田里的守望者》。"男孩子一脸自豪。

"……"姜楠只知道这个书名,对其他根本不熟悉。

看到她在发愣,男孩子不屑地撇撇嘴:"连这个都不知道。我来给你普及一下常识。这本书可是轰动世界的当代名著,塞林格正是通过它才被世界各国的青少年深深喜爱的。伟大的披头士乐队成员约翰·列侬就是因为这本书才命丧黄泉。"

"列侬不是被自己以前的歌迷给杀了吗?据说凶手是个间歇性精神病患者。"姜楠好不容易知道一点,马上就倒了出来。

男孩子蔑视地看了姜楠一眼:"肤浅。绝对的肤浅。那是因为凶手看了《麦田里的守望者》之后觉得和小野洋子在一起的列侬失去了自己的追求,变得不再纯洁。"说罢,他又向姜楠抛出了一个问题:"你知道《麦田里的守望者》的思想内涵到底是什么吗?"

姜楠摇摇头。男孩子摆出一副不吝赐教的模样:"现在我就给你讲一下……"姜楠听得云山雾罩。看着男孩子还意犹未尽的样子,她赶紧推说有事就离开了。姜楠在心里严重地鄙视了自己一把:"你怎么会对这样的人一见钟情呢!"

其实,与姜楠约会的男孩子就属于典型的傲慢无礼的人,只是他自己没意识到而已。在与姜楠约会的过程中,男孩子总是以高傲的姿态进行说教,不给姜楠讲话的机会。好不容易姜楠插上了话,男孩子又对姜楠进行了打击。对这样的人最明智的做法,就是不再和他们交流,因为即使和他们交流的时间再多,他们也只是依然故我。但又不能伤了对方的面子,那样对自己反而不好。所以,姜楠最后找借口离开是最好的选择。

另外，当我们和傲慢无礼的人交流时，还可以巧妙地打一些"擦边球"。

这个方法就是用一个模棱两可的回答将对方困住，让这些傲慢无礼的人感到无论是"接球"还是"不接球"都十分别扭。

比如，一个傲慢无礼的竞争对手想摸清我们的底牌，可能他会故意做出一副挑衅的样子说："你们根本不能按时完成项目吧？怎么赶得上我们公司的效率。"这时，我们可以回答："这怎么说呢？说完成了吧，还要等一下；说没完成吧，但是又没有什么好继续的了。"这时，我们这个似有若无的回答会让他失去判断，对手就会摸不清楚我们的真实状况。

傲慢无礼者最喜欢用的招式就是咄咄逼人，每当他们出此招时，我们多数情况下都会变得不知所措，对方也就有了不断攻击的机会，而"擦边球"正是克制此招的良方。如果我们能在他们暴风般的发问之后给出这样一个"擦边球"式的答案，他们反而会变得和先前的我们一样不知如何是好。因为我们的回答并没有很明确的界定，说它与问题无关吧，似乎还有那么一点联系；说有关吧，这关系又不是很明确。这样，傲慢无礼的人就很难确定下一轮"攻击"的突破口。因此，他们只好偃旗息鼓。

每个人都喜欢和富有亲和力的人做朋友，而傲慢无礼是最令人不舒服的行为之一。不过，我们也不需要过分忧虑。只要我们保持平和的态度，清醒的头脑，就会在与这类人的相处中立于不败之地。

【关键提示】

在与傲慢无礼的人交往时，我们需要时刻保持稳定的情绪和清醒的头脑，不要轻易因对方的难缠而产生恶劣情绪，同时尽量缩短每次与之交往的时长。只有这样，我们才能在与傲慢无礼的人的交往中进退自如。

第八章 | 搞定难对付的对象

对沉默不语的人,要给他自己的空间

　　古语有言：沉默是金。生活中有许多人将此奉为处世圭臬,无论外面的世界发生了多少令人心潮澎湃的精彩事件,他们只是淡然处之,丝毫不为所动。沉默掩饰了他们可能汹涌澎湃的内心,成为他们展现给世人的唯一颜色。我们曾经想尽办法试图接近他们,可是都没有成功。这是为什么呢?

　　原来沉默不语的人虽自己不言,但却对他人对自己的评价异常敏感。他们表面上不露声色,实际上却在不断地琢磨听来的评价。他们习惯于将评价和自己的行为进行一一对应的验证,看是否符合评价的标准。在没有得出结论之前,他们不会轻易地表明自己的态度。即使他们知道了结论,也会不露声色。这样,不了解他们个性的人就会丈二和尚摸不着头脑,不知该如何是好。

　　很多与沉默不语的人交往的人们都会有一种紧靠战斗堡垒的感觉。沉默不语的人嘴很严,话很少,表情很单一,缺少变化,微笑是他们的招牌表情。不过,我们总觉得那微笑包含了太多的内涵,看不懂也读不透。他们喜欢待在只属于自己的小世界里,不希望被别人打扰。所以,当我们与沉默不语的人交往时,要注意留给他们一定的私人空间。

　　空间是沉默不语的人最迫切的需要,也是他们本身能量的重要发源地。这类人最善于思考,而且他们思考的问题总是很深入,甚至会涉及到哲理层面。如果他们不能静下心来将自己收集到的信息进行梳理的话,马上就会阵脚大乱,不知如何是好。即使他们表面上仍然维持沉默不言的本色，但实际上他们已经失去了力量之源。失去自处空间的他们会像没头苍蝇一样到处乱撞。这时，如果你冒冒失失地去接近他们只会碰到一个软钉子，然后铩羽而回。所以，留给沉默不语的人一些自己的空间至关重要。

那么我们该如何给这类人留出适当的空间呢？

第一，我们一定要收起自己强烈的好奇心，不要强迫对方做一些他们不喜欢做的事情。

美家是一位性格开朗、喜欢说笑的女孩子，周围的朋友都喜欢这个阳光女孩。但是美家却因为新来的同事小吴而变得忧心忡忡了。虽然小吴与美家年龄相仿，但是小吴却是个沉默寡言的人，喜欢一个人静静地坐在角落里看书、工作、发呆。而热情的美家总是希望静静的小吴可以加入到热闹的大队伍中来。

为了让小吴尽快地融入集体，美家对小吴展开了一系列"攻势"。首先是逛街训练。女孩子哪有不喜欢逛街的？于是美家带着小吴来到了市里最繁华的一处商务中心逛了起来。结果一圈下来，小吴并没有多看那些衣服几眼，而美家却买了好几件。第二次，美家再叫小吴出来，小吴摇了摇头，继续坐在自己喜欢的角落里发呆。逛街策略失败。

而意志力超级坚定的美家马上开始了第二招，为小吴介绍男朋友。一周时间里，美家就陪小吴见了五个男孩子。可是每一次见面，小吴都不开口，只是静静地喝着咖啡。倒是身为介绍人的美家和男孩子聊得热火朝天。今天，美家又来找小吴，小吴索性躲开不见了。

从此之后，即使是在公司看见美家，小吴也只是点点头，然后快速地消失。美家很不明白，为什么自己的热心换来的却是小吴的不领情。难道自己做错什么了吗？

其实，虽然热情的美家所做的一切都是出于好心，但是她的做法已经严重触及到了小吴的心理底线。小吴就是典型的沉默寡言之人。她并非想与集体疏离，只是希望可以有一些自己的空间而已。而不明真相的美家不停地以各种活动来试图拉近与小吴之间的距离，这让小吴觉得没有了自己的空间，从而对美家的行为产生了反感。

第二，我们要注意设身处地为他人着想，不能做想当然的事情。

我们每个人都是一个独特的个体。所以，我们的每一种心思、每一个眼神都是不可复制的。如果我们想要成为沉默寡言者的朋友，就要先把自己当成他们。然后判断一下如果只是凭借自己的愿望去做事，会不会引发他们的反感。在这里，想当然是最要不得的。

第三，我们还要注意与沉默寡言者交往最好有话直说。

因为他们总是喜欢不断地进行思考，如果我们没有直截了当地提出自己的期望，他们就会不断地琢磨，可能会产生不必要的误会。

清代名相张廷玉有一句座右铭，叫做"万言万当，不如一默"。还有很多人也像张廷玉一样对沉默推崇备至。沉默既是远灾少祸的堡垒，同时也为我们的社交之路带来了一定的麻烦。如果我们想要和沉默不语的人成为朋友，就一定不能强人所难，记得多给他们一些自己的空间。

【关键提示】

> 我们一定要注意与沉默不语者的交往方式，要秉承"己所不欲，勿施于人"的原则。只有当他们感到自己的私人领地没有被侵犯时，才敢于和我们做朋友。

对自私自利的人,只与他保持利益关系

著名文学家司马迁曾在他不朽的著作《史记》中写下这样的话:天下熙熙皆为利来,天下攘攘皆为利往。

在日常生活中,我们也经常会遇到一些非常重视个人利益的人。他们是"各家自扫门前雪,不管他人瓦上霜"信条最忠实的信徒。只要与自己的利益无关,他们就会与他人保持相安无事的状态。一旦涉及到了自己的利益,他们就会像火烧到了屁股一样马上跳起来,到处探听消息,想尽办法减少、甚至避免损失。这时,他们就会做出最谦卑的姿态,甚至可以放下身段去求自己以前得罪过的人,只要肯帮忙,甚至能允许他们向自己提出各种过分的要求。当难关过去之后,他又会恢复常态。如果我们认为自己帮过他们,在遇到困难的时候向他们求助,十有八九会吃闭门羹,甚至可能还会收获几句风凉话。这就是自私自利之人的脸孔。我们如何跟这些自私自利的人相处呢?

在自私自利的人心中,任何人任何事都比不上利益跟他们更亲近。所以,我们可以投其所好,以利益为基础与他们交往,只与他们保持利益上的关系。这样既可以保证双方之间顺利交往,也可以确保自己不受感情上的伤害。

石竹是一家报社的新员工。由于刚大学毕业不久,她还保留着学生时代的纯真。报社里的采编们都比她要大好几岁,甚至十几岁,所以大家都把她当做小妹妹一样来看待。石竹最喜欢跟她旁边的王采编开玩

第八章 搞定难对付的对象

笑，王采编也总是笑笑，并不责备她什么。而石竹也总是帮助王采编处理一些她不愿意做的工作。

有一次，报社来了紧急采访任务，主编指定由王采编去采访一位以难缠出名的公司老总。王采编表面上很爽快地接受了任务，回来后却跟石竹偷偷地抱怨生病的老人没人照顾。热心的石竹二话没说，就帮王采编揽下了这活儿。

这个采访进行得异常艰难，采访对象花样百出，这可把刚出道的石竹折腾惨了。但是还好，当这位老总看到石竹如此执著的时候，最终还是配合了石竹的采访。石竹蹦蹦跳跳地回到了报社，把整理后的材料交给了主编。主编很高兴，夸奖了石竹几句。还在试用期的石竹因这次成功的采访提前转了正。

从此之后，一有重要的采访任务，主编就会想到石竹。这种变化让王采编心中不爽，以前这些重要任务都是由她负责的。而石竹并不清楚这些，她还是一如既往地帮助王采编处理她那些不爱处理的工作。

这几天，石竹的父亲来城里看病了，石竹想多陪陪父亲，就向主编请假。无奈，现在正是报社业务繁忙的时候，于是主编建议石竹和其他同事倒一下班，石竹马上想到了王采编。当她与王采编说明自己的情况时，王采编面现难色，吞吞吐吐。石竹感到自己受到很大的伤害。

父亲走了，石竹明显地瘦了一大圈。在照顾父亲的时候，石竹静下心来想清楚了一件事。那就是对于王采编这种自私自利的人根本不能讲感情，这太伤人，只与她保持利益上的关系就好。

石竹身为一个职场新人，对于怎样和职场资深人士，尤其是怎样和有自私自利之心的资深人士进行交往几乎一窍不通。开始，她的想法很朴素，以为无私的帮助会唤起王采编道义上的觉醒。可是换班事件教育了石竹，与他人交往要注意对症下药。

同时，我们还要善于发现自私自利者身上的优点，并通过恰当的方

法使他们充分发挥自己的积极性。

自私自利者有什么优点呢?那就是他们最擅长精打细算,他们在利益面前比一般人更敏感。所以,如果他们能够从事财务或与利益直接相关的工作,那么,自私自利者会在规章制度的规范下成为集体的"守财奴"。

【关键提示】

与自私自利的人交往,要注意将精打细算和"让利于人"结合在一起考虑,要在能够确保大原则的前提下,懂得和这样的人斡旋。多采取以退为进的方式会让他们放松对你的戒心。

对逞强好胜的人，要尽量迁就，适当反击

每个人都喜欢在别人面前表现自己最完美的一面。即使力所不及，为了自己的面子，我们也会强撑。有一类人更是将人们的这种心理发挥到极致。他们在自己脸上戴了一个写着"我很强"的面具，处处事事都想超过别人。他们根本看不到自己的缺点，却执著于自己所谓的"主张"。同他们这样逞强好胜的人交往，我们总会感到哭笑不得。

其实，他们并不是骄傲，而是怕被别人看低。于是他们就要不停地用行动来证明自己。他们总是在想，当大家都在做同一件事的时候，如果自己能完成得又快又好，就能证明比所有人强。而当他们真的力所不及的时候，他们也会用强硬来作为自己的面具，从而为自己打造出一派不服输的形象。

逞强好胜的人每一个想法和行为的出发点大都是人们天性的有力体现，但是他们的实际行为却把这种天性推向了极端。这就要求我们在与逞强好胜的人交往时，要充分考虑到他们做事的出发点，尽量迁就他们。

鸿渐和新梅是大学同学，她们不仅住同一个寝室，也在同一个班。有一次，班里要举行元旦庆祝晚会，辅导员委托鸿渐全权负责。鸿渐很愉悦地接受了任务。她回到寝室后，就与姐妹们商量起来，并邀请姐妹们当她的智囊团。女孩子们都很兴奋，可是新梅心里却有点小小的不痛快。她在心里埋怨辅导员："我哪里比鸿渐差？哼，我一定会把这次晚会办成新梅的晚会！"

于是，从第二天开始，新梅就热情地投入到晚会的筹备工作中去。无论是晚会举办地点的选择、舞美、主持人的选择，还是晚会的相关宣

传、嘉宾的邀请，新梅都忙前忙后，亲自落实。弄得大家都以为她才是晚会的负责人。对此，鸿渐并没有什么怨言，无论新梅提出什么样的要求，她都尽量满足。当新梅的意见同别人发生冲突时，鸿渐也尽量在不伤害新梅情绪的情况下进行调解。

元旦到了，新梅和鸿渐的努力没有白费，晚会办得很成功。辅导员拍着新梅的肩膀说："做得不错。"新梅骄傲地扬起了头。晚会过后，鸿渐和宛如一起去吃夜宵。宛如气愤地对鸿渐说："鸿渐，这次晚会的负责人是你，但新梅喧宾夺主，辅导员竟然还夸奖了她。虽说她做得不少，可你做得也很多呀。真是不公平！"

鸿渐不在意地笑笑："其实没什么，新梅和我的出发点都是一样的，就是想为同学们办一台令人难忘的晚会。看今天大家兴奋的样子，说明我们很成功。至于夸奖谁，真的不重要。"

很显然，在筹办晚会的过程中就出现了一个逞强好胜者——新梅。辅导员让她的室友鸿渐担任元旦晚会的筹办者，引发了她心中的不满。于是，她要用实际行动来证明自己能把晚会办得更好。新梅让自己出现在晚会筹办的每一个环节中，而且还亲自去做很多事。她这样做的目的就是要让大家都看到她的能力。辅导员夸奖她的那一刻是她最得意的时候。

被喧宾夺主的鸿渐这时就表现得既克制又淡定。她认为虽然新梅抢去了很多风头，但新梅的出发点绝对不是针对她，而是对于自己能力不被肯定的懊恼。更何况，因为新梅的加盟，晚会也多了很多有声有色的东西。既然大家都是为了晚会能办得更好，那么谁出风头谁受表扬，就不那么重要了。所以，鸿渐才会百般迁就新梅。

但是，迁就并不能解决一切问题。有时，逞强好胜者明明知道别人在迁就他，却变本加厉，不给迁就者留一点余地。这时，迁就者就没有必要一直迁就下去，而要采取适当反击的政策了。

张荣和陶心是报社的同事。因为陶心刚入职不久，所以社长让张荣做陶心的指导老师。张荣爽快地答应了。她一心一意地教陶心学习业务，每次有什么采访的任务，也总是让陶心先挑。随着陶心的业务越来

第八章 搞定难对付的对象

越熟练,她逞强好胜的性格渐渐暴露无遗,什么任务都想接,根本没有考虑自己的实际操作水平。

看着自己的徒弟如此,张荣非常担心。虽然陶心的基本功已经练得不错,但还需要进行一段时间的磨炼才能独当一面。于是,张荣就把自己的担心讲给了陶心,可陶心不为所动,还以为是师父妒忌自己。

从此之后,每次陶心出任务,张荣都提心吊胆。不过,好几次都是有惊无险。张荣感觉再也不能这样下去了。正好社里有一个很有难度的远郊采访任务,张荣为陶心争取到了这个机会。陶心很高兴,她觉得师父终于开始认可自己了。

可是陶心一见这次的任务就傻眼了,这次采访的内容自己根本就不懂。可是为了维持自己实力派的面子,陶心还是硬着头皮出发了。在与采访对象的交流中,陶心问出的问题经常驴唇不对马嘴,弄得对方以为她生病了,就提前终止了访问,请她先回去休息。陶心为自己的逞强后悔了。

在这个事例中,张荣开始的迁就并没有换来徒弟陶心的虚心学习,反而是越来越狂妄。但张荣并没有任由陶心逞强好胜下去,而是采取了适当的反击,把困难的任务派给她,希望她能了解自己的真正实力后迷途知返。当陶心面对采访对象手忙脚乱的时候,她才认识到自己的不足。这就是适当反击的魅力。

我们每个人都追求完美。而逞强好胜并不是追求完美的正确途径。我们在与逞强好胜的人交往时,要把握好与他们相处的度,既不能过分迁就,也不能无缘无故地打击。这样,我们才能与他们友好往来。

【关键提示】

> 在与逞强好胜者交往的过程中,我们需要让他们明白逞强好胜可能带来的不利因素,并因时因势对其加以限制和引导,帮助他们寻找追求完美的积极方法。唯有如此,我们与这一类人的交往之路才能越走越顺。

对狂妄的人，要先在气势上将他震住

有一类人，他们总是自以为是，妄自尊大。与人交往时，他们也要显示自己的老大气派，使得与他们交往的人会产生强大的心理压迫感，不知该如何是好。那我们该怎样与狂妄的人相处呢？

狂妄者的心理比较极端。在他眼中，老子天下第一，没有任何一个人比得上他。若是有人不识趣，冒犯了他的权威，他就会火冒三丈，定要给冒犯者点颜色看看。他会用尽一切手段让不顺从他的人屈服。

狂妄的人总喜欢居高临下，在任何时间、任何地点、任何场合都舍不得放下他目空一切的架势。他整日陶醉在"会当凌绝顶，一览众山小"的假想中不肯自拔，也不肯主动和他人亲近。不仅如此，他还总是以专家的身份出现在人们面前，不停地显摆自己的优点和特长。

狂妄的人最大的是脾气，最强的是气势。所以，若是与他们相处，最有效的方法就是先在气势上狠狠地打击他们，将他们震住。

高斯在现在的公司已经工作五年了，他也成功地从一名稚气未脱的职场新手变成了公司业务的中流砥柱。更让他自豪的是他的业务水平甚至超过了公司的几位元老。现在，高斯在公司中俨然是首席专家的角色。慢慢地，他变得狂妄起来。当设计遇到分歧时，他总是固执己见。如果别人提出异议，他就摆出自己"首席专家"的地位，同事们经常由于高斯制造的心理压迫感而放弃自己的建议。久而久之，只要是高斯坚持的提案，大家就不再提出什么不同的意见了。高斯因此自鸣得意。

恰巧这一天，总经理来高斯所在的设计部巡查。还没进办公室，高

第八章 搞定难对付的对象

斯那兴奋而又高亢的声音就从办公室中飘了出来："这个案子我绝对能一个人拿下。如果不相信，我们可以打擂台，我单人独骑，你们随便请帮手。凭我在行业里这五年的见识，我一定可以比你们做得更出色。"这时，总经理推门而入："好吧。我代表他们接受你的挑战。凭我是这家公司的总经理和我入行32年的经验，我相信我领导的团队一定可以战胜你。"

高斯一听，马上慌了神儿。原来他们公司的总经理就是业内有"巨无霸"之称的南风。在他们所在的行业中，还没有一个人能够将他战败。从此之后，高斯收敛了很多。

为什么高斯乖乖地收敛了自己的行为呢？就是因为总经理的一席话。在总经理到来之前，狂妄的高斯掌握着设计部的话语权。他总是通过给同事们制造心理压迫感来满足自己"老子天下第一"的心理。而总经理的做法正是"以其人之道，还治其人之身"。"总经理"、"32年的入行经验"、"业内巨无霸"，无论哪一个都让高斯胆战心惊，这三者形成的冲击力要比高斯同事们感受到的心理压力大得多。

其实，高斯的狂妄正是来自于他的自大。成为公司业务的中流砥柱使他对自己的能力相当肯定，以至于到后来演变成了一种过度的自信。然而，狂妄者并不是只有高斯这种自大的类型，还有一类是自卑的人。如果说高斯的狂妄来自于过度自信，那么自卑者的狂妄就是来自极度的不自信。

自卑的狂妄者虽然表面上仍然保持着狂妄的架势，实际上他在内心里是极度自卑的。为了更好地掩饰自己的自卑，他就要做出更加狂妄的姿态来。面对这样的狂妄者，我们也不需要滥用仁慈之心，而是要向上文中公司的总经理学习。在和狂妄者的交往中，无论出于何种原因导致的狂妄，我们都需要先在气势上将他们震住，使他们一下子猛醒。

另外，我们在与狂妄者交往时，要善于发现他们的优点，因势利导，最大程度地发挥他们的积极性。

狂妄者虽然有很多缺点,但是他们却总是喜欢勇敢地去迎接挑战。所以,我们在遇到一些有难度的事情时,不妨选择与狂妄者合作。

杰克逊在业内是出了名的狂妄分子,和他合作的人总是叫苦不迭。而托马斯公司的贝克却不这么想。他最近有了一个很好的收购提案,相信杰克逊一定会感兴趣。

一天,贝克就拿着提案来到了杰克逊的公司。由于杰克逊正在接待其他的客户,贝克就在会客室的客厅等待。虽然会客室的门紧闭着,但仍挡不住杰克逊那得意洋洋的声音:"怎么样,托德,还是跟我合作吧?跟我合作,我绝对不会只让你去做一个小小的经理。看你现在的样子。唉,生活得还不如我们家的米加。对了,忘了告诉你米加是我的宠物狗。"

一会儿门一开,贝克看见有一个人灰头土脸地走出来,估计就是那个被杰克逊狠狠奚落的托德。这时,贝克整理了一下情绪走进了杰克逊的办公室。

"啊,是亲爱的小贝壳来了。你还在帮托马斯那只小蜗牛造壳吗?"杰克逊玩世不恭地看着进来的贝克。

贝克没有说什么,只是微笑地点点头。

"这次来什么事?"杰克逊问道。

贝克并没有急于回答杰克逊的问题,而是反问道:"杰克逊先生,在咱们这个行当里,除了您的公司之外,还有哪个公司是名列前茅的呢?"

杰克逊脸色一沉,很不高兴地说:"比尔的公司呗。你不是知道吗?明知故问。不过他的公司怎么赶得上我的?"

"如果它被别人收购了呢?如果这个收购者是您呢?"

"你有办法收购比尔的公司?这可不是一件容易的事。"杰克逊眼前一亮。

贝克马上递上了自己的企划案,杰克逊认真地读起来。一会儿,只见杰克逊嘟囔道:"一亿美元可真不是个小数目。"

第八章 搞定难对付的对象

"凭借您在行业中的鼎鼎大名,会连筹集区区一亿美元也成为一个问题?我相信您的实力。"贝克说道。

其实说心里话,杰克逊真的有点为难。但是击败比尔是他一直以来的心愿,所以尽管为难,他还是答应了。一亿美元的启动资金在短短一个月内就全部到位,收购工作得以顺利地进行。后来,贝克听说,原来这一亿美元的贷款是杰克逊抵押了他盐湖城最漂亮的别墅才得来的。

为什么贝克会成功呢?因为他巧妙地利用了杰克逊这个狂妄者不会为放弃某一件事而找借口这个优点。杰克逊虽然狂妄,但是因为收购比尔的公司是他一直以来的心愿,所以他还是答应了贝克的提案。更值得一提的是杰克逊为了筹集资金还抵押了自己的别墅。这种为事业敢于接受挑战的做法就是狂妄者杰克逊做出的最具积极意义的行为。

精英们总是谦虚低调的,而那些只有半瓶子醋的人却喜欢虚张声势,狂妄不羁。所以,在与狂妄的人交往时,我们就要做到不向狂妄者学习,不以各种理由进行坏情绪的传递。但同时,我们也不能把他们一棒子打死,还必须要看到他们的优点。这样,狂妄的人才会对自己有一个正确的认识,并在我们的引导下逐渐向我们敞开心扉。

【关键提示】

> 我们在与狂妄者交往时,就要在取得压制他们气势的胜利后慢慢地规范他们的行为,帮助他们改掉坏习惯。唯有如此,狂妄的人才能找回真正的自我,才能向我们敞开自己。

对搬弄是非的人，不可推心置腹

在生活中，我们总会碰到这样一些人。他们是语言的狂热粉丝，无论走到哪里，他们最爱的就是不停地讲话。至于讲的内容更是五花八门，种类众多。他们特别喜欢窥测别人的隐私，然后到处贩卖。张家长，李家短的不一而足，背后讲别人的坏话更是他们的家常便饭。有时，实在闲得无聊，他们还会以身犯险，主动挑起一场争斗，然后从中获得一些谈资。他们就是大众的狗仔队，学名叫做搬弄是非的人。

凡是喜欢搬弄是非的人必然最爱自己。他们容不得自己吃一点亏，受一点委屈，时刻把自己的利益摆到第一位。至于别人的利益，得看他们的心情。

他们油嘴滑舌，口头表达能力近于完美。从表面上看，他们热情大方，通情达理，很会讲话。我们觉得与他们相见恨晚，很快就引为知己，同进同出，好不亲热。可是，过不了多长时间，我们就会发现好像全世界的人都知道了我们不轻易吐露的秘密。再有一天，我们不小心看到了我们的新知己正在嘴冒白沫地向他的听众卖力地宣讲我们的隐私。于是，我们不得不从这一类人的身边逃离。

可是逃离并不能解决一切问题。搬弄是非者通过贩卖我们的隐私极大地影响了我们与朋友之间的关系，破坏了我们与同事之间的团结。我们的生活被他们搞得一团糟。我们陷入了困境，而他们却逍遥自在。那么我们怎样才能走出困境呢？

俗话说：解铃还须系铃人。要想解决我们遭遇的困境就要找到困境

第八章 搞定难对付的对象

的源头。其根本原因还在于搬弄是非者对我们的毁谤。所以,只要我们掌握了与搬弄是非者交往的技巧,就可以从现有的困境中走出来。

搬弄是非者最大的爱好就是刺探他人的隐私,那么当我们与他们交往时就不能对他们推心置腹。如此便可以减少很多麻烦。

首先,我们可以在他们喜欢八卦的话题前保持沉默。

对于搬弄是非者而言,断绝他们的八卦来源是一个行之有效的方法。当与这类人相处时,我们不要提及与自身利益相关的话题,不要涉及与其他人之间的往来恩怨。这样,搬弄是非者就无机可乘,找不到谈资来挑拨离间了。

如果我们与挑拨离间者有工作关系,可以选择就事论事,或者谈一些范围比较模糊宽泛的话题。我们要掌控好谈话涉及的范围和相关的说法,多谈积极的方面,少谈消极的方面,或者干脆对消极的方面避而不谈。如此,搬弄是非者身上消极的因素就会被大大地压制。

如果我们与挑拨离间者在工作上有合作的话,可以以合作的项目作为双方交流的话题。这时,我们只谈工作,不涉及其他。挑拨离间者也就无隙可寻了。

其次,我们还可以用实际行动坚决抵制他们的行为。

我们中的大多数人信奉温良恭俭的传统美德,在与他人的交往中总是习惯给对方留面子。即使对方的做法让我们接受起来比较困难,我们还是选择不正面决裂。搬弄是非者正是利用人们这种要给他人留面子的心理而变得更加肆无忌惮。对此,很多人是有看法而没办法的。

然而,大多数人只看到了表面现象。从表面上看,搬弄是非的人占尽了上风。但是如果失去了听众,他们就会失去立足之地。所以,在与搬弄是非的人交往时,我们要保持头脑的清醒,从他们的听众入手,以实际行动来坚决抵制搬弄是非的行为。

再次,我们还要帮助搬弄是非者树立一个正确的认识观,并巧妙地引导他们获得正确的识人方法。

搬弄是非者在认识观上存在很大的缺陷。通常情况下，最新最近的情况总能对他们的认知产生很大的影响。所以，他们的看法零散而多变，不能形成一个完整正确的体系。同时，这些看法也严重地影响了他们的认知能力。所以，正确而全面的认知观会对喜欢搬弄是非的人有着非常重大的意义。

另外，我们在引导搬弄是非者获得正确的识人方法时，可以采取下面的做法。当他们提到某个人有什么样的缺点时，我们可以先顺着他们的话音承认这个人确实存在着某些缺点，然后再谈谈这个人具备哪些长处，从而使他们对这个人形成全面的看法。

最后，如果搬弄是非的恶习已经成为他们性格特征的组成部分了，我们要采取掉头就走的办法。性格是人们在对待现实的态度和相应的行为方式中比较稳定的部分。一旦搬弄是非成了他性格特征的一部分，我们就只能对其避而远之了。

人生在世，全然不被人议论的情况是没有的。谁人背后无人说，谁人背后不说人。所以，搬弄是非者还是有其存在的土壤的。但是，我们不能因此就回避与他们的交往。在与他们交往时，我们只要做到不与他们推心置腹就可以了。

【关键提示】

> 君子坦荡荡，小人常戚戚。搬弄是非者并不可怕，我们在与他们交往之时也不需要有任何心理负担，只要保持清醒的头脑，不与他们讲心里话就够了。这样一来，我们的隐私不会被他们窥知，他们的一些做法也不会让我们反感，双方可以和平相处。

第八章 | 搞定难对付的对象

对性格倔强的人，要顺情说好话

"当我和世界不一样，那就让我不一样。坚持对我来说就是以刚克刚。我如果对自己不行，如果对自己说谎，即使你不原谅，我也不能原谅……"这几句话出自五月天的歌曲《倔强》。它是对我们日常生活中性格倔强的人最真实的写照。

性格倔强的人最大的特点就是不服输。他们不惧成为人群中的另类，只为坚守自己认定的真理。在他们的字典里很少有柔弱的字眼出现，他们最擅长的就像歌词里提到的，是"以刚克刚"。他们不会拐弯抹角，只会一条道跑到黑。对于所要坚守的原则，如果自己做不到，即使尽了全力，他们也不会轻易放过自己。这就是性格倔强的人。

我们在与他们交往时，会感到他们冷冰冰、硬邦邦，就像一个马力十足的马达。他们坚强的神经为他们构筑了一层坚实的盔甲，对此，我们感到无所适从。到底怎样才能与他们搞好关系呢？

其实，我们是被他们外表所体现出的"硬"蒙蔽了。他们只是吃软不吃硬，与他们交往，我们只要做到顺情说好话就会收到意想不到的功效。

当时安叶正年轻，他爷爷是个倔老头。爷爷年纪大了，儿女们都劝他搬来同住，他说离不开老家的土地。爷爷生病了，儿女们劝他去省城的大医院检查检查，他嫌乱花钱，总是吃着乡医开的中草药。爷爷的衣服旧了，儿女们给他钱让他自己买喜欢的衣服，他说自己不需要转手又把钱塞在了孙辈手里。这样的爷爷真是让大家既心疼又头疼，心疼的是老爷子的生活如此简朴，头疼的是老爷子怎么也不肯接受他们的好心。

这次，爸爸派安叶回老家，交给了他一个任务：接爷爷来北京。安叶可是老爷子平时最疼爱的孙子。安叶出马还是比长辈们出面胜算要大一些。为了更好地完成任务，这几天安叶一直在和他的死党吕进"密谋"。

作为安叶的御用军师，吕进也随安叶一起出发去了安叶的老家。到了老家之后，爷爷看见了宝贝孙子非常高兴。

"爷爷，您又在擦您那军功章呢？"刚进门的安叶就见几枚军功章散落在爷爷的膝盖上。爷爷点点头，用深情的目光望着那些依然亮闪闪的军功章。

"咦，安爷爷，这军功章上的八一是怎么回事呀？"一旁的吕进开了腔。

"那还是毛主席亲自颁给我的呢。都过去那么多年了。那是……"爷爷滔滔不绝地讲起来，安叶又要习惯性地入睡。这时，吕进扯了扯他的衣角，说了句："别忘了咱们的计划。"顿时，安叶的瞌睡虫都跑了。

好不容易，爷爷才结束了八一勋章的故事。吕进接着又问了许多个关于军功章的问题，安爷爷也不停地回答着。老爷子越说越高兴，安叶从来没见过爷爷这么眉开眼笑的样子，一点儿也不像倔老头儿了。

等安爷爷讲完了所有军功章的故事，吕进为老爷子端上一杯水，又朝安叶挤了挤眼睛。

安叶马上接上了吕进的话，问道："爷爷，您在获得八一奖章之后还见过毛主席吗？""没有。"爷爷答道，眼神中露出了深深的遗憾之色。"我有办法让您见到毛主席。"安叶叫道。"怎么见呢？他老人家都去世那么多年了。"爷爷说道。"您可以去主席纪念堂看望他老人家嘛！"安叶"好心"地提醒道。"就是。"爷爷拍了一下脑门，"我怎么没想到呢！"

三天之后，安爷爷和安叶、吕进一起回了北京。

为什么许多长辈都请不动爷爷，而安叶、吕进两个小辈却做到了呢？这是因为安叶和吕进摸准了爷爷的脾气。

安爷爷是个性格倔强的老人，他不想因为自己而给儿女们添麻烦，

第八章 搞定难对付的对象

所以儿女们的好意他一个也没有接受。同时，老人和后辈们之间还存在着严重的代沟。安叶刚开始听爷爷讲起军功章的故事时，不是又差点习惯性地睡着。这说明后辈们是不能理解老人对那些军功章的深厚感情的。

而安叶、吕进两位小辈正是从安爷爷最重视的宝贝"军功章"入手，顺着安爷爷的喜好一路前行，打听军功章的故事的。而去北京看毛主席正是他们"顺情说好话"的其中一环结果，爷爷在不知不觉中就答应了和他们一起去北京的请求。

同时，我们还要区分出意志坚定和固执己见的差别，要根据具体的情况来灵活调整我们的社交规范。

意志坚定和固执己见的共同点很明显，它们共同的表现都是性格倔强。同时，它们之间的差别也很大。意志坚定是"宁为玉碎、不为瓦全"最真实的表现。如果一个性格倔强的人拥有坚定的意志，那么他们的倔强多半是为信仰而战。对于这类人，我们在顺情说好话的同时，还要注意要尊重他们的信仰。

而固执己见则是坚持自己的看法不肯改变。这类人对于自己的看法过分倚重，不知变通。所以，我们在与他们交流时，就要注意除了顺情说好话之外，与他们不要进行深入的涉及个人观点方面的交流，否则只会不欢而散。

每个人都希望别人能够听取自己的意见，但现实往往不尽如人意。于是，为了避免受到无谓的伤害，有的人就选择了以倔强来做自己的面具。所以，我们在与性格倔强的人交流时，一定要注意尊重他人，不要触犯他人的禁忌。这样，我们才能与他们在一个平和的环境中快乐地交流。

【关键提示】

> 倔强是人们心中最难融化的坚冰，它的融化要靠尊重与和谐。我们在与他们交往时，要尊重他人的信仰和爱好，创造和谐的交往环境。如此，我们便可以与性格倔强的人愉快相处了。

对有城府的人，看穿本质，区别对待

在与他人的交往过程中，我们经常会遇到胸有城府的人。在他们面前，我们就像个手无缚鸡之力的小孩子，他们总能成功地摆弄我们，控制我们。怎样才能与他们更好地相处，而不被"摆"一道，就成为横亘在我们心中一道挥之不去的难题。

其实，我们都被胸有城府者的表象给吓住了。只要我们能够看到表象背后隐藏的本质，就不会再感到无所适从了。

从表面上看，胸有城府的人最大的特点就是滴水不漏。他们对于任何事情都不正面发表自己的意见，而且从来不对他人说三道四。人们看到的他们总是一副神采奕奕、胸有成竹的样子，似乎一切都尽在掌握之中。他们能够做到"泰山崩于前，而面不改色心不跳"。

鲁迅先生曾经讲道："一条小溪，明澈见底，即使浅吧，但是却浅得清澈。倘是烂泥塘，谁知道它是深是浅呢？也许还是浅点好。"其中，"烂泥塘"就是对胸有城府者最好的譬喻。下面我们就来为"烂泥塘"做一下深浅的判定，揭开胸有城府者神秘的面纱。

胸有城府者防范心理极强，他们不肯让他人轻易了解到自己的真实想法。不过造成他们这种情况的原因却有很多，所以我们在与他们交往时要注意区别对待。

首先，胸有城府者可能是一位工于心计的人。

他们往往会为了某种目的而不希望他人了解自己的真实想法，同时

第八章 搞定难对付的对象

还可能为了掌握与他人交往时的主动权而不轻易对某些敏感问题发表见解。在他们看来，似乎唯有如此，自己才能在各种复杂的矛盾关系中占据绝对优势，做永远的赢家。《红楼梦》中的王熙凤就是这类人的典型。

王熙凤是荣府的当家奶奶，深受贾母和王夫人的喜爱，底下人也称她贤德能干，待人大方。然而，大家看到的这一切都是表象。实际上，王熙凤是一个胸有城府、工于心计的人。她的这种性格在对待丈夫贾琏的妾尤二姐的事情上展露无遗。

由于帮助宁府操办丧事，贾琏认识了大哥贾珍的妻妹尤二姐，并在荣府外为尤二姐买了房子并娶她为妾。起初，王熙凤并不清楚丈夫丧中娶妾的事情。当了解到其中的实情之后，她便开始了折磨尤二姐的行动。

王熙凤先是趁丈夫外出去看望尤二姐，一进门就再三数落自己的不是，恳求尤二姐能在丈夫面前为自己讲好话。接着又将尤二姐接入大观园，并带到贾母跟前示好，说是为丈夫找了个品貌端庄的姑娘做妾。随后，她又狠狠地吩咐家中的仆人，谁敢对二奶奶不敬就是与她过不去。一番表演下来，几乎所有人都夸奖王熙凤贤良淑德。可是，有了贤良淑德美名的王熙凤，对于发生在自己眼皮底下的迫害尤二姐的行为，竟是不闻不问。

仆人们恶意克扣尤二姐的用度，她熟视无睹；平儿拿着自己的私房钱贴补尤二姐，她却骂平儿"我养的猫倒咬鸡"；丈夫的另一个妾秋桐与尤二姐争风吃醋，她嘱咐秋桐要谨慎，称"她（尤二姐）是你爷心尖上的人"，结果年轻气盛的秋桐此后更加变本加厉地折磨尤二姐。诸如此类的行为直到尤二姐死去都没有停止过。可是，尤二姐却从来没有抱怨过王熙凤，只因她从未表现出一丝坏形。

"从未表现出一丝坏形"便是王熙凤工于心计最显著的表现。她虽然从来不曾亲自参与迫害尤二姐的行为，但是迫害尤二姐的行为却无一不是出自她的种种暗示。正是这种表面上热情似火、背地里煽风点火的行为，既蒙蔽了人们的双眼，又不着痕迹地达到了贬损他人的目的。

那么，当遇见像王熙凤这样的人时，我们该如何做呢？

对于这样的人，我们要以小心防范为上，不要轻信他们的甜言蜜语。另外，还需警惕他们的一举一动，避免因一时不察成为他们向上攀登的垫脚石。

同时，这类人往往会"声东击西"，拐个弯儿利用别人为自己做事。这时，大家最好对其敬而远之，在坚持原则的前提下与他们相处。总之，面对工于心计的人，如果你心计和智谋也足够深，可以和他们周旋；如果你自觉单纯，不妨就敬而远之，少蹚浑水为妙。

其次，胸有城府者还可能是一位因曾经受过挫折和打击而留下严重心理阴影的人。

他们在经历了挫折和打击之后，总是习惯性地对他人设防，不敢轻易相信他人，害怕自己再次受到伤害。所以，他们在表面上做出一副胸有城府，对任何事情都保持波澜不惊的态度。实际上，他们这样做是为了保护自己。

对于这样的人，我们要对他们坦诚相见，注意消除他们心中的戒心。以诚感人是与他们交往中的第一要务。他们并没有什么功利性的目的，只是为了保护自己。所以，在与他们交往时，不要做出一副如临大敌的样子。

另外，还有一种胸有城府者是非常无知的人。

他们可能对某些事情缺乏必要的了解，也没办法提出卓有成效的建议。这时，他们为了掩饰自己的无知，总会在与他人交往时摆出一副不置可否或是含糊其辞的样子来。他们企图通过制造神秘感来维护自己的面子。

对于这种人，我们不要对他们抱有太大的希望，也不必和他交换自己在某方面的见解或想法。

在与胸有城府者的交往过程中，我们要坚持自己的立场，不要被他们的表象所迷惑。同时，还要拥有一双识别真伪的慧眼。这样，我们便

第八章 搞定难对付的对象

可以在与这类人的交往中赢得主动的地位。

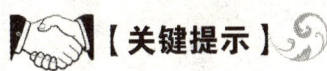【关键提示】

> 　　胸有城府者总给人一种高深莫测的感觉。为此，在与他们的交往中，我们一定要养成善于察觉他人真实意图的习惯，并留意自己的言行。如此，我们就可以轻易跳出胸有城府者织就的罗网，摆脱与他们交往中的被动地位。

后　记
Hou JI

一本著作的完成需要许多人的默默贡献，闪耀的是集体的智慧。其中铭刻着许多艰辛的付出，凝结着许多辛勤的劳动和汗水。

本书在策划和编写过程中，得到了许多同行的关怀与帮助，及许多老师和作者的大力支持，在此向以下参与本书编写的人员致以诚挚的谢意：田萍、王絮、陈镜宇、范毅然、闫晗、杨英、王萍、尚波、郭先红、葛忠雨、唐彩云、柳杨、李卓、楚丽萍、于海英、崔贵兵、黄薇、常娟、焦亮、廖春红、慈艳丽、郭志信、张新秀、魏国昌、贾亦真、崔秀花、宋云、魏素娟等。

本书在编写过程中，借鉴和参考了大量的文献和作品，从中得到了不少启悟，也汲取了其中的智慧菁华，谨向各位专家、学者表示崇高的敬意——因为有了大家的努力，才有了本书的诞生。凡被本书选用的材料，我们都将按出版法有关规定向原作者支付稿酬，但因为有的作者通信地址不详，尚未取得联系。敬请您见到本书后及时函告您的详细信息，我们会尽快办理相关事宜。